中国绿色发展的创新驱动机制研究

冯吉芳 ◎著

东南大学出版社
SOUTHEAST UNIVERSITY PRESS
·南京·

图书在版编目(CIP)数据

中国绿色发展的创新驱动机制研究 / 冯吉芳著.
南京：东南大学出版社，2024.12. -- ISBN 978-7-5766-1645-3

Ⅰ. F124.5

中国国家版本馆 CIP 数据核字第 2024TS2625 号

责任编辑：陈 淑　　责任校对：张万莹　　封面设计：顾晓阳　　责任印制：周荣虎

中国绿色发展的创新驱动机制研究
Zhongguo Lüse Fazhan De Chuangxin Qudong Jizhi Yanjiu

著　　者	冯吉芳
出版发行	东南大学出版社
出 版 人	白云飞
社　　址	南京市四牌楼 2 号
网　　址	http://www.seupress.com
经　　销	全国各地新华书店
印　　刷	广东虎彩云印刷有限公司
开　　本	700mm×1000mm　1/16
印　　张	11.75
字　　数	209 千字
版　　次	2024 年 12 月第 1 版
印　　次	2024 年 12 月第 1 次印刷
书　　号	ISBN 978-7-5766-1645-3
定　　价	69.00 元

本社图书若有印装质量问题，请直接与营销部联系，电话：025-83791830。

目 录

第一章　绪论	001
1.1　研究背景与意义	002
1.2　研究现状	004
1.3　研究内容与思路方法	019
1.4　主要创新点	021
第二章　绿色发展的理论基础	023
2.1　绿色发展的传统理论基础	024
2.2　绿色发展的经典理论基础	025
2.3　绿色发展的当代理论基础	026
2.4　本章小结	031
第三章　绿色发展的内涵与分析工具	033
3.1　黑色发展向绿色发展转变	034
3.2　绿色发展的内涵界定	035
3.3　绿色发展的对象、过程、主体	037
3.4　绿色发展分析工具：生态福利绩效	038
3.5　本章小结	040
第四章　基于生态福利绩效的绿色发展测度研究	041
4.1　生态福利绩效的测度方法	042
4.2　绿色发展的现状实证分析	047
4.3　绿色发展的影响因素分析	066

4.4	绿色发展的脱钩现状分析	070
4.5	绿色发展与经济增长关系	076
4.6	本章小结	080

第五章 基于生态福利绩效的绿色发展创新驱动机制研究 081
  5.1 绿色发展的创新驱动 082
  5.2 技术创新和制度创新理论 084
  5.3 绿色发展的创新驱动机制理论分析 088
  5.4 绿色发展的创新驱动机制实证检验 093
  5.5 绿色发展的创新驱动机制协同程度 098
  5.6 本章小结 104

第六章 基于生态福利绩效的绿色发展政策建议 105
  6.1 绿色发展与创新政策演变分析 106
  6.2 绿色发展的国际成功经验借鉴 113
  6.3 绿色发展类型评估与改进路径 115
  6.4 绿色发展创新驱动的提升路径 117
  6.5 本章小结 124

第七章 结论与展望 125
  7.1 研究结论 126
  7.2 研究展望 127

参考文献 129

附录 147

第一章

绪 论

1.1 研究背景与意义

截至 2015 年,改革开放三十多年来,中国经济发展成就超越了西方所有发达国家。1979—2012 年,中国国内生产总值(Gross Domestic Product,GDP)年均增长 9.8%,远高于同期世界经济年均 2.8% 的增速,几乎是同期世界发达国家的 3 倍。中国经济以一种超高速的方式在发展,于 2010 年超过了日本,居世界第二位,成为仅次于美国的世界第二大经济体。此后,中国 GDP 稳居世界第二位,占世界经济总量的比重逐年上升。据国际货币基金组织预测,2015 年中国 GDP 占世界的比重为 15.5%,比 2012 年提高 4 个百分点。同时,与美国的差距明显缩小,2015 年中国 GDP 相当于美国的 63.4%,比 2012 年提高 11 个百分点。虽然中国在改革开放以来实现了经济发展大跨越,综合国力和国际影响力实现了由弱到强的历史性巨变,但是为了经济增长,过去的发展方式是粗放的、数量化的,是扩张型的,是不可持续发展的。在此发展过程中,中国付出了沉重的代价,导致诸多问题,如环境遭到破坏,能源过度消耗,包括雾霾、沙尘暴、水资源污染、生态环境遭到破坏等等,这都是这种发展方式带来的问题。而西方发达国家在上百年工业化过程中分阶段出现的环境问题,在中国更是以"时空压缩"的方式集中呈现出来。

20 世纪 80 年代末,随着西方环境理论被引入中国,环境主义思潮在中国兴起,大量关于中国环境现状与政策的研究涌现。该类研究从环境科学和经济学的视角指出中国日益严重的环境问题对社会经济可持续发展带来了严重危害。2001 年,联合国开发计划署(The United Nations Development Programme,UNDP)发布《中国人类发展报告 2002:绿色发展,必选之路》,提出中国应从"黑色发展"转向"绿色发展"。对此,2003 年,胡锦涛提出了绿色发展的理论基础:科学发展观。其目标就是以人为本,人与自然和谐发展。2011 年,《中华人民共和国国民经济和社会发展第十二个五年规划纲要》提出,要积极探寻改变中国传统经济增长模式的路径和方向,以期实现国家经济和社会的绿色转型发展。2012 年,党的十八大报告提出了"五位一体"新布局的构想,为中国提出的绿色转型战略决策奠定了坚实的政策基础。2015 年,中共中央、国务院印发《中共中央 国务院关于加快推进生态文明建设的意见》,明确"绿色化"概念,绿色发展已经成为中国实现可持续发展的战略选择。新常态背景下,资源约束趋紧、环境承受力脆弱、生态系统退化的形势十分严峻,已成为制约经济持续健康发展的重大矛盾、制约人民生活质量提高的重大障碍。因此,中国现阶段如何在经济与生态环境保护之间找到平衡,从而实现双赢,是实践中亟待破解的难题。正是基于对改革开放以来我们在发展中所遭遇的这些突出问题的深刻认识,与创新发展、协调发展、开放发展、共享发展一道,"绿色发展"是党的十八届五中全会提出的指导中国"十三五"时期发展甚至更为长远发展的科学的发展理念和发展方式。

绿色发展强调"科技含量高、资源消耗低、环境污染少的生产方式",强调"勤俭节约、绿色低碳、文明健康的消费生活方式"。习近平同志指出,保护生态环境就是保护生产力,改善生态环境就是发展生产力。良好的生态环境是最公平的公共产品,是最普惠的民生福祉。该论断深刻揭示了绿色发展中生态环境与经济发展之间的内在统一性。从根本上来讲,绿色发展的目标是最小化环境影响,最大化人类福利。已经有学者将福利指标与生态环境消耗的比值作为生态福利绩效(Eco-Welfare Performance,EWP)的指标,并用于分析经济增长情况(Dietz 等,2012;Jorgenson 等,2015;诸大建 等,2014a)。生态福利绩效是指单位生态资源消耗带来的福利价值量的提升。该指标把生态福利指标与人类福利指标联系起来,综合反映一定生态环境下人类福利的价值,涵盖了生态环境、经济发展、民生福利的内容,是对可持续理论中生态经济效率概念的突破,可以为衡量绿色发展提供新的标准,可以对目前和未来绿色发展进行评估和预测。因此,本书从绿色发展的根本目标出发,依据生态福利绩效理论,运用创新发展的理念探讨技术创新、制度创新促进绿色发展的具体机制,解决绿色发展中经济活动对环境的负面外部性问题与对技术创新的正向外部性问题,改善环境政策的效应,找到中国绿色发展中的薄弱环节,提出当前和未来中国绿色发展的对策建议。

本书的学术价值:(1)借助生态福利绩效概念,把创新发展与绿色发展两大理念结合起来,围绕生态环境与经济发展之间的矛盾,着重从创新发展的角度研究运用创新机制促进绿色发展的机理,有助于深化中国特色社会主义绿色发展的理论研究。(2)构建基于生态福利绩效的绿色发展理论体系,将生态福利绩效作为新的理论范式引入绿色发展研究,为绿色发展研究提供新的研究视角。(3)充分吸收创新经济学的理论和方法,并将其运用于中国绿色发展的实践分析,为创新经济学的研究指明一个新的发展方向。

中国绿色发展的创新驱动机制研究

本书的应用价值:以绿色发展和创新发展的理念引领中国经济发展方式的转变,为新常态下中国经济增长提供理论框架。(1)基于生态福利绩效视角,研究技术创新和制度创新对绿色发展的驱动机制,以创新驱动发展来转变传统的经济发展模式,为政策制定者提供理论指导。(2)生态福利绩效指标可以用于考核政府管理部门的政绩,促使地方政府部门从单一追求 GDP 增长转变为追求生态福利绩效的提高。(3)本课题比较中国各区域绿色发展的状况,研究结果可为各区域绿色发展提供实证参考。

1.2 研究现状

1.2.1 绿色发展内涵研究

国际学术界并没有明确提出"绿色发展"的概念,通常的提法主要有"可持续发展""绿色经济""低碳经济""绿色增长"等,且对其研究主要是从人类发展与生态的关系视角进行的。西方早期关于人类发展与生态关系的研究主要是对环境状况以及其造成原因的研究。英国古典经济学家是最早研究经济增长和环境之间关系的。如,马尔萨斯 1798 年在其著作《人口原理》中阐述了"资源绝对稀缺论",其主要的思想是人口、土地和粮食之间的矛盾是未来人类社会的主要矛盾;穆勒 1871 年提出了"静态经济"的观点,在充分肯定人类解决资源相对稀缺问题的能力时,也反对人类滥用这种能力开发和利用所有的资源;马什于 1864 年在《人与自然》的著作中反思了人类工业化活动对自然环境造成的负面影响。

随着人类对自然资源的前所未有的索取和破坏以及对日益恶化的生态环境的反思,环境问题产生的原因及其解决的途径得到人类的重视与研究。如,罗马俱乐部 1972 年首次提出了"持续增长"和"合理的持久的均衡发展"的口号,认为盲目快速的经济增长会导致人类面临危机。联合国人类环境会议于 1972 年 6 月发表了《人类环境宣言》和《只有一个地球》的报告,唤醒了人类对生态环境保护的意识,提高了世界各国对环境污染问题的认识。这两个报告是人类发展史上具有重要意义的报告。世界环境与发展委员会于 1983 年成立,并于 1987 年发表了调查研究报告《我们共同的未来》,倡导"可持续发展",即既满足当代人的需要,又不对后代人满足其自身需求的能力构成危害的发展。可持

第一章 绪论

续发展理念提出之后,1992年,联合国环境与发展大会发布了《里约宣言》和《21世纪议程》;2002年,约翰内斯堡世界高峰会议强调实行"全新绿色新政""迈向绿色经济",使得可持续发展的理念正式得到了国际社会的普遍认同,并走向如何实施。

皮尔斯1989年在其著作《绿色经济蓝图》中提出了"绿色经济"的概念。联合国环境规划署于2007年首次将"绿色经济"定义为"重视人与自然、能创造体面高薪工作的经济",并在2008年对此进行了补充,将其重新定义为"提高人类福祉、改善社会平等,降低环境风险,改善生态资源稀缺的经济发展模式"。此外,英国政府在2003年发布的白皮书《我们能源的未来:创建低碳经济》中提出了"低碳经济"的概念,联合国亚洲及太平洋经济社会委员会在2005年提出了"绿色增长"的概念。经济合作与发展组织于2009年正式将"绿色增长"定义为"在防止代价昂贵的环境破坏、气候变化、生物多样化丧失和以不可持续的方式使用自然资源的同时,追求经济增长和发展"。2012年,在"里约+20"峰会上,全球各国刷新了绿色经济模式的多元性。联合国可持续发展大会更是将"发展绿色经济"作为会议主题,号召全球向绿色经济过渡。

"绿色发展"是党的十八届五中全会提出的指导中国"十三五"时期发展甚至更为长远发展的科学的发展理念和发展方式。对于绿色发展的内涵,国内诸多学者从不同角度进行了阐述。侯伟丽(2004)认为绿色发展是在资源环境承载潜力基础上,依靠高科技,更多地以人造资本代替环境和自然资本,从而提高生产效率,使得经济逐步向低消耗、低能耗的方向转变。王金南等(2006)认为绿色发展是环境与资源可持续的、人与自然和谐相处的、环境作为内在生产力的一种发展模式。冯之浚(2011)认为绿色发展要以节能减排为核心,要建立在科技创新的基础之上,要重视以科技创新改造传统产业,要加快以科技创新发展战略性产业。李佐军(2012)认为绿色发展是由人与自然尖锐对立以及经济、社会、生态彼此割裂的发展形态,向人与自然和谐共存以及经济、社会、生态协调共进的发展形态的转变。王玲玲等(2012)认为,"绿色发展"是在生态环境容量和资源承载能力的制约下,通过保护生态环境实现可持续发展的新型发展模式和生态发展理念。他们对绿色发展进行了进一步剖析:合理利用资源、保护环境、维系生态平衡是其内在的核心要素;实现经济社会、政治社会、人文社会和生态环境可持续的科学发展是其目标;通过绿色环境、绿色经济、绿色政治等实践活动的生态化,实现天人和谐、共生共荣的理想境界是其核心内容和发展途径。蒋南平等(2013)认为,绿色发展的实质和内涵应该定义在"资源能源合理利用、经济社会适度发展、损耗补偿互相平衡、人与自然和谐相处"的理念基础上。王如松(2013)指出,绿色发展过程的实质是一种生态发育过程,建设生态文明的核心是人的绿化。胡鞍钢等(2014)研究指出绿色发展的理论前提是经济系统、自然系统和社会系统的共生性,这也决定了系统间复杂的交互作用既有正向的交互机制,也有负向的交互机制。黄志斌等(2015)认为,绿色发展是建立在资源承载力与生态环境容量的约束条件下,通过"绿色化""生态化"的实践,达到人与自然日趋和谐、绿色资产不断增值、人的绿色福利不断提升,从而实现经济、社会、生态协调发展的过程。其中,资源承载力与生态环境容量是绿色发展的客观基础,"绿色化""生态化"的实践是绿色发展所面临的现实问题得以解决的途径,人与自然日趋和谐、绿色资产不断增值是绿色发展的直接目标,人的绿色福利不断提升是绿色发展的最终目标,经济、社会、生态协调发展是绿色发展的结果展现。庄友刚(2016)认为绿色发展理念的核心是人类对自然的改造更加符合人类生存和发展的需要。其基本要求是在人改造外部自然的过程中,一方面不能破坏、恶化人生存和发展的自然环境基础,另一方面要通过人对自然的改造使其更加符合人类生存和发展的要求。赵庚科等(2016)认为绿色发展是指在传统发展基础上的一种创新模式,把发展的力度同环境的可承受能力和资源禀赋相结合,通过保护自然环境实现可持续科学发展的新型发展模式和绿色发展理念,将生态环境保护作为实现可持续发展的一种新型发展模式。

1.2.2 绿色发展测度研究

国外学者、政府机构等较早地进行了绿色国民经济核算的研究。如 Alfsen 等(1987)出版的"挪威自然资源核算"报告,奠定了国民经济核算体系的基础。联合国统计局1993年在传统国民经济核算体系的基础上,建立了环境经济账户,提出了环境经济综合核算体系。在此基础上,美国经济分析局在1994年建立了经济与环境一体化卫星账户。欧盟统计局于2002年设计了绿色国民经济核算体系。加拿大统计局于2006年基于本国国情,构建了资源环境核算体系。而中国国家统计局于2001年开展了自然资源核算工作,并于2004年与国家环境保护总局联合,采用了治理成本法和污染损失法的价值量核算方法,核算了中国环境污染虚拟治理成本和环境退化成本,从而得出中国绿色GDP估计值,

第一章 绪论

并最终形成了《中国绿色国民经济核算体系框架研究》和《中国绿色国民经济核算研究报告(2004)》。

在绿色增长评价方面,Hall 等(2010)从绿色状态和绿色政策两个方面构建了绿色指数评价指标体系。经济合作与发展组织于 2011 年基于经济活动中的环境及资源生产率、经济及环境资产、生活环境质量、经济机遇及政策应对等核心要素,构建了一套完整的绿色增长进程监测指标体系。该体系包含 4 个一级指标、14 个二级指标和 23 个三级指标。在上述监控体系基础上,荷兰中央统计局于 2011 年选取了一些契合本国统计口径的指标,进而完善了本国环境与经济综合核算体系;捷克于 2011 年利用该监控体系对本国经济活动、环境存量和社会发展进行了衡量;墨西哥从生产、贸易和消费三个层面测算了本国经济活动对资源环境造成的压力。此外,联合国环境规划署于 2012 年从环境、政策与幸福公平三个层面,建立了绿色经济测度指标体系。2012 年,美国加利福尼亚州政府发布了绿色创新评价体系。该体系包含 5 个部分:低碳经济体系、能源效率体系、绿色科技创新体系、可再生能源体系和交通运输体系。

国内学者提出了大量与绿色发展相关的评价体系,主要包括可持续发展评价模型、区域绿色产业发展效果评价指标体系、低碳发展评价体系和绿色经济发展评价指标体系等。牛文元(1994)建构了五大指标体系,提出了可持续发展评价模型理论框架。朱春红等(2011)提出了区域绿色产业发展效果评价指标体系,其中一级指标包括经济指标、生态环境指标和社会评价指标,而二级指标包括产业发展水平、产业发展潜力、资源综合利用指标、污染控制指标、社会效益和公众认可。陈华等(2012)基于二氧化碳排放总量及空间、二氧化碳人均累积排放量、人均年二氧化碳排放量、二氧化碳排放生产率等指标,建立了基于生态—公平—效率模型的低碳发展理论,为低碳发展提供了理论体系和评价指标体系。陈龙桂等(2012)构建了中国绿色经济发展评价指标体系,该指标体系包括耕地保有量和增加量等 26 个评估指标。向书坚等(2013)认为绿色经济发展指数是综合反映生产、消费过程中节约资源、减少废物排放并提供绿色产品与服务、促使生态健康协调发展的变动趋势和程度的相对数。他们将其分解为 3 个二级指数:中国绿色生产指数、中国绿色消费指数与中国生态健康指数。肖宏伟等(2013)构建了绿色转型发展评价指标体系,该指标体系包含五个方面,即减排、增绿、资源结构优化、资源节约以及竞争力。刘西明(2013)将绿色经济作为一种可以同时实现经济增长、资源节约、环境保护三重均衡的经济形态,提出了通过3个对应的一级指标（经济增长指标、资源节约指标、环境保护指标）以及6个二级指标[人均GDP、万元GDP能耗、人均废水排放量、人均二氧化硫排放量、人均氮氧化物排放量、人均烟（粉）尘排放量]测度一国或地区的绿色经济发展水平的诊断。郭玲玲等（2016）在比较分析国内外具有代表性的绿色增长评价体系的基础上，从社会经济、资源环境、自然资产、生活质量与政策支持5个方面，构建了绿色增长评价指标体系。

　　以下为明确对绿色发展进行评价的研究。王金南等（2006）从物质消耗强度、能耗强度、水耗强度、污染排放强度、温室气体排放强度和能源消费结构等方面构建了绿色发展评价指标体系。杨多贵等（2006）从环境代谢量、环境效益、能源消费的"绿化"程度以及资源消耗和环境污染的损失四个维度，构建了绿色发展指数。欧阳志云等（2009）提出了城市绿色发展的评价指标体系，包括环境治理投资、废弃物综合利用、城市绿化、废水处理、生活垃圾处理、高效用水和空气质量7个指标。针对城市绿色发展，黄羿等（2012）从生态城市建设力度、产业环境友好程度和循环经济发展水平三个层面，构建了中国城市绿色发展评价指标体系。李晓西等（2012）基于经济增长绿化度、资源环境承载力和政府政策支持三个维度的指标对中国绿色发展指数进行了综合评价。胡鞍钢（2010）提出了绿色发展的国家核心指标：单位GDP能源消耗量、可再生和清洁能源消费比重、耕地保有量、单位GDP用水量、主要污染物排放量、单位GDP二氧化碳排放量、森林覆盖率。苏利阳等（2013）构建了工业绿色发展绩效指标体系，包括3个资源消耗指标和6个污染物排放指标。李晓西等（2014）借鉴人类发展指数（Human Development Index，HDI），在社会经济可持续发展和生态资源环境可持续发展两大维度同等重要的基础上构建了"人类绿色发展指数"，并以12个元素指标为计算基础，测算了123个国家的绿色发展指数值及其排序。黄贤金等（2015）从绿色资本、绿色生产、绿色国土和绿色生活四个方面，构建了绿色发展的评价体系。在该绿色发展评价体系中，绿色资本反映的是一定区域内以各类自然资源及生态环境资本为基础的财富赋存状况；绿色生产、绿色国土和绿色生活则分别从经济发展的绿色化效率、国土环境基础和居民生活绿色化消费等三个侧面体现了相应的内涵。张攀攀（2015）基于熵权灰色关联分析构建了绿色发展评价指标体系，其中评价指标包含经济发展指标、资源指标、城市绿化指标和绿色发展政策指标。

1.2.3 绿色发展创新驱动机制研究

创新概念的起源可追溯到经济学家熊彼特1912年的《经济发展概论》。熊彼特认为:创新就是"建立一种新的生产函数",把从未有过的生产要素和生产条件的"新组合"引入生产体系。创新对经济发展的促进作用历来都得到学者的重视。亚当·斯密在1776年就阐述了机器和分工方式的改进的创造力,马克思在1848年就认为技术变化的作用是非常重要的。Tinbergen(1942)首次在生产函数的框架中,将科技进步与生产函数的研究联系在一起。Solow(1957)计算出1909—1949年间美国制造业总产出中,有87.5%应归功于技术创新。此后,学者们在分析经济增长过程时,把注意力从资本积累的影响转向技术变化的影响(Boekema et al., 2000; MacKinnon et al., 2002; Rutten et al., 2007; Fagerberg et al., 2007; Fagerberg et al., 2010; Rodríguez-Pose et al., 2015)。

在国内,俞国平(2001,2002)研究指出只有通过制度创新,实现外部效应内部化,才能推动绿色技术创新,实现可持续发展。陈建青等(2004)的研究指出:创新促进经济增长的同时,也带来了制度结构的非均衡,从而为制度变迁提供了动力和压力;创新是经济增长和制度变迁的源泉,也是经济增长的首要动力;而创新必须在一定的社会经济、制度保证下进行,制度安排和经济增长为创新提供了制度支持和经济支持;制度变迁是创新和经济增长的结果,同时它又成为创新和新的经济增长的出发点。张燕等(2006)研究指出发展循环经济的关键在于创新图变,即宏观上进行系统观、经济观和价值观等观念和产权、法律和政绩考核等制度创新;中观上进行生产方式和产业政策创新;微观上进行资源、技术、教育、消费创新。顾巍等(2007)认为技术创新是循环经济产生的起因和发展的基础,而制度创新是循环经济发展的制度保障,管理创新为发展循环经济提供了管理方法。牛桂敏(2008)同样研究指出政策创新是循环经济发展的重要制度保障。彭秀丽(2007)认为技术创新是扩大资源供给、发展循环经济的根本途径,产业组织创新是循环利用资源、提高资源利用效率的组织形式,而技术创新和产业组织创新又离不开产权制度创新,产权制度创新是发展循环经济的基本制度保障。张来武(2011)强调科技创新驱动发展是经济发展的题中应有之意,转变经济发展方式应从传统生产要素驱动经济增长转到由科技创新驱动经济发展。洪银兴(2013a)研究认为实施创新驱动的发展战略是个系统工程,既涉及知识创新,又涉及技术创新,既涉及经济发展方式的根本性转变,也涉及相应的经济体制的重大改革,既要发挥市场的调节作用,又要政府的积极介入。其需要各个系统形成合力,促进创新资源高效配置和转化集成,把全社会的智慧和力量凝聚到创新发展上来。陈刚等(2014)从科技创新驱动的要素重组、产业结构升级和需求结构优化三个视角,探讨了科技创新支撑经济发展方式转变的动力机制。庞瑞芝等(2014)借助拓展的网络化数据包络分析法,从系统观的视角实证考察了2009—2012年中国省际科技创新对经济发展的支撑效率以及创新资源的优化配置问题。研究表明,全国各省份科技创新对经济发展的支撑作用普遍偏低。秦军等(2015)研究指出技术创新主要通过技术效应和规模效应实现经济增长、节能减排和环境保护,进而推动低碳经济发展。毕新华等(2015)认为经济新常态下,经济发展方式由要素、投资驱动转向创新驱动,同样具备了规划性的特征,这种特征决定了制度设计的内在重要性。任保平等(2016)认为,在"创新、协调、绿色、开放、共享"五大发展理念中,创新驱动经济发展处于核心位置。创新驱动经济发展包括创新驱动转方式、创新驱动调结构、创新驱动绿色化。杨武等(2016)通过分析科技创新与经济发展的相互作用,揭示了两者的耦合协调发展机理,构建了科技创新和经济发展子系统的耦合协调度模型,并基于中国1991—2012年的数据进行了实证分析。杨武等(2016)依据熊彼特创新周期论诠释了经济发展周期理论,构建了反映中国科技创新和经济发展水平的指标体系,采用向量自回归模型对1995—2014年中国科技创新驱动经济发展实际状况进行测度评价。

在绿色发展创新驱动机制方面,冯之浚(2011)分析指出,依靠科技创新特别是自主创新,可以实现由粗放增长到绿色发展的华丽转身,促进经济发展方式的根本转变。刘薇(2012a)通过分析绿色创新的特点与正反馈机制,找出创新与绿色发展的关系,并剖析了创新驱动与绿色发展的相互促进机制,最后从实践角度探讨了世界各国的绿色技术创新政策。刘薇(2013)分析了北京市绿色发展与科技创新战略。王永芹(2014)从中国现代化建设面临的现实问题入手,分析得出绿色发展是打破当前资源环境制约和束缚的唯一选择,而创新驱动则是加快绿色发展的重要途径。此外,诸多学者从管理创新视角,基于企业、政府等不同层面,研究了走向绿色发展的道路(李斌等,2013;Sim et al.,2015)。

1.2.4 绿色发展实现路径研究

自1989年"绿色经济"概念正式问世以来,欧盟优先从可再生能源、碳排放交易体系、低碳创新战略三大路径入手,推动绿色、低碳、节能增长方式发展。此举有助于保障欧洲能源供应安全,使欧洲在低碳化、绿色化、节能化领域占据主导权,从而引领世界各国向低碳经济转型(张敏,2015)。美国部分城市实施创新驱动发展模式,如圣地亚哥市构建了创新网络实施模式,奥斯汀市扩大基础创新资产实施模式,夫勒斯诺市致力于公私合作的实施模式,利特尔顿市打造"经济花园"的实施模式(吴建南 等,2015)。在学术界,学者们也展开了绿色发展实现路径的相关研究。如,Machiba(2010)在对生态创新内涵界定的基础上,指出了生态创新在经济发展中的重要战略地位;Reilly(2012)研究指出政府应该建立资源—经济—社会综合账户,进而提高其分析潜在的绿色增长政策和措施的实际能力;Van der Ploeg 等(2013)研究指出实现绿色增长的最佳途径是发放环保研发补助、鼓励清洁生产、提高碳税收比例。如果征收高额碳税不可行,可以采用可再生能源补贴政策减少化石燃料的使用,抑制碳排放的累积效应。

在国内,刘燕华(2010)研究指出绿色发展需要循环技术、低碳技术和生态技术三大技术支撑。李晓西等(2012)指出生态产业的发展是中国绿色发展的根本途径,而制约中国绿色发展的主要因素是体制问题。王珂等(2013)认为影响西部地区绿色发展战略实现的主要原因是落后地认为自然资源可以无限供给的思想观念、区域间的同质竞争和重复投资。沈满洪(2015)认为绿色发展是从粗放式增长转向集约式增长的必由之路,是生态文明建设的根本途径。同时,他认为绿色发展的根本任务是经济生态化、生态经济化,绿色发展的根本障碍是制度障碍,因此必须以制度创新推进绿色发展。许津荣(2016)提倡以深化制度创新为驱动,不断提升绿色发展水平。田文富(2016)认为绿色发展需要完善的制度保障,必须加大改革力度,吸收借鉴国内外绿色发展成熟的经验做法,实现绿色发展的机制体制创新。他认为目前最为紧要的是克服绿色经济发展中政府调节机制"失灵"和市场调节机制"失灵"两个方面的问题。

1.2.5 生态福利绩效研究

1.2.5.1 环境可持续性

工业革命开始以来,各国经济快速发展,人民生活水平大幅提高。然而发展经济的决策却很少考虑环境因素,导致出现种种生态和环境问题,这些问题反过来制约着经济的发展,尤其对人类福利的提高产生了极大的制约。于是,人们开始反思经济和环境的关系问题。1972年,联合国首次人类环境会议通过了《人类环境宣言》,提出了协调经济发展与环境保护关系的可持续发展思想。此后,生态环境对人类的影响逐渐引起各方重视。在《布伦特兰报告》公布"可持续发展"定义后,环境可持续性不仅作为"可持续发展"的一个部分逐渐为人们所接受,而且常常作为一个单独的概念受到重视(Jordan et al.,2009)。

人类的一切活动都依赖于对环境中生态资源和能源资源的消耗,环境的可持续性对人类、社会以及自然界本身的繁荣至关重要,其可持续性关系着人类一切福祉。在资源供给方面,新古典经济学在自然资源为中性或无限供应的假设前提下研究经济增长的效率、分配、波动等问题,彼时自然资源充足,因而将相对稀缺的人力资源作为主要约束条件。但随着社会经济的发展,自然资源日渐枯竭、生态环境屡遭破坏,此时必须考虑经济增长规模的生态边界问题。Daly(1997,2005)认为经济增长规模问题是可持续发展经济学需要考虑的基本前提。在生态支持方面,一个完整的生态系统如森林不仅能提供经济生产过程的原材料,而且能够发挥固碳、净化水源、垃圾分解等作用,缓解人为导致的气候变化问题。

由以上分析可知,对环境状况进行准确评价是极其重要的。经济合作与发展组织(Organization for Economic Co-operation and Development,OECD)从四个方面对环境可持续性进行定义(OECD,2001):第一,再生性,即有效利用可再生资源,对其利用规模不超过资源的长期再生速度;第二,可持续性,即有效利用不可再生资源,其减少的部分可被可再生资源或其他资源替代;第三,可吸收性,即人类向自然中排放的有害或污染物不超过自然的吸收能力;第四,可逆转性,即避免给自然造成不可修复和逆转的人类行为。而联合国在一份报告中称环境指数应抓住下面四条主线(United Nations,2009):第一,经济活动对环境的影响,如能源消耗、污染排放和废弃物管理;第二,能源生产率对经济的影响,如经济效率;第三,环境退化对生产率的影响,如环境吸收能力退化、森林覆盖率降低;第四,环境改善对社会的影响,如交通堵塞成本降低、人类福利提高。

然而评估一国或地区的环境可持续性表观异常复杂,指标的简易性和一般性是满足广泛分析需要的一般品质。Ciegis 等(2009)认为由于很多政策制定者和公众对环境问题并不是很了解,因此度量环境的指标需简单易懂。环境指标和指数的使用可以提供一个显而易见的、客观的方式来衡量一个国家的环境可持续性(Dobbie et al.,2013)。Böhringer 等(2007)指出现有的环境可持续性指标在标准化和分配权重等主观方面有较大的随意性,因此缺乏一致性,其在结果上的含义也常有不同,不利于政策的执行。可见,环境指标既有公认的共性,又很难满足所有评估要求。以下是获得较多认可的几个指标:

(1) 环境脆弱性指数(Environmental Vulnerability Index,EVI)

EVI(South Pacific Applied Geoscience Commission,2005)用于从国家的层面上评估环境的脆弱性,揭示主要自然资源对于一个国家经济繁荣的战略威胁,共包含 50 个环境指标,其中有 32 个衡量危害性的指标、8 个量化抵抗性的指标、10 个评估损失的指标。对于每个可靠的、具体的指标(严也舟 等,2013),按 1—7 分进行评判,根据得分的高低判断环境恢复弹性和脆弱性。EVI 的首要目标与 Goodland(1995)将环境可持续性描述为"通过保护原材料资源来提高人类福利"的思想高度一致。然而,它却存在一个重大缺陷,即它关于脆弱性的定义是模糊的,无法精准地描绘出何种环境破坏是不可接受的。如其关于脆弱性破坏的描述为,"生态完整性和生态系统的健康遭到损害,无法持续向人类提供支持",但是没有明确说明多大的损失将导致不可接受的后果。同时,EVI 在确定指标权重时具有主观性,且没有考虑外部因素对生态环境的影响(赵霞 等,2014)。以上缺点使 EVI 的使用范围受到限制。

(2) 环境绩效指数(Environmental Performance Index,EPI)

EPI 由哥伦比亚大学与耶鲁大学联合推出,是自 2005 年以来在环境可持续指数(Environmental Sustainability Index,ESI)的基础上发展而来的,由跨 10 大类政策的 25 个指标构成,用来量化国家间的相对环境绩效(Esty et al.,2008)。EPI 指数的分指标构成涵盖两个核心目标:降低环境压力(占 30% 权重)、保护生态系统和自然资源(占 70% 权重)。每个分指标都涉及长期公共健康或生态标准,这些标准在所有国家都是通用的,如卫生条件的完全可获得性。每个国家的得分由它们之间的真实表现和政策目标的差别评判得出,目标包含以下四项:国家间协议或国际公认目标,国际组织设定之标准,领先国家管制要求,基于科学共识的专家判定。该指标虽然与 Goodland 关于资源消费约束的思想一致,但是仍存在以下缺陷:EPI 这种通用政策的应用没有考虑每个国家的不同实情,部分国家数据缺失无法计算(李凯丽,2010)。

(3) 生态足迹(Ecological Footprint,EF)

Rees(1992)提出的 EF 较为科学、完善地从生态方面反映了可持续发展的状况,是区域可持续发展评价研究的热点。EF 以一个国家居民的人均产品和服务消费及全球足迹网络计算,同时考虑了废弃物和二氧化碳吸收所需的植被面积(Wackernagel et al. ,1997)。EF 用来衡量一国对其生产性陆地和海洋施加的负担,同时还包括以进口形式对其他国家领土造成的影响。Wiedmann 等(2010)总结了 EF 作为环境可持续性指标的两个主要优势:其一,将人类对生物多样性的各种影响综合成一个数值,让人们强化过度消费意识,其衡量结果便于广大受众的了解;其二,只需要少量的数据便可完成计算,便于进行国与国之间的比较。然而,EF 的统计数值本身却不能提供关于过度消费与气候变化间关系的有力解答,因而也不能据此进行国家管理机构政策的评论。Siche 等(2008)认为,从本质上说,EF 对生态的专注性不够,忽略了诸如土壤流失、淡水消耗、森林覆盖减少等环境可持续性信息。Nourry(2008)则指出 EF 方法的最基本不足是缺乏对环境不可逆转性及其阈值的考虑。EF 忽略的另一个问题则是土地退化问题(Van Kooten et al. ,2000)。另外,如同其他生态指标一样,EF 无法涵盖可持续发展的全面性(张志强 等,2000),必须与其他指标结合使用。

1.2.5.2 人类福利

(1) 福利的概念内涵

各个领域的学者根据不同的研究目的对福利的概念进行界定。总的来说,福利是一个相当广泛的概念,涉及社会学、人类学、心理学、经济学等学科(Smith et al. ,2010)。Reid 等(2005)认为,总的来说,福利是从客观事物对人的主观价值出发,指人们正在享有的有价值的体验。Cummins 等(2003)认为福利是对人们从七个维度感受到的满意度的综合,包含生活水平、健康、成就、人际关系、安全、社区联系和未来安全。Hall 等(2010)也将福利细分为类似七个方面,即健康、工作、知识、物质条件、生活条件、自我决定权及人际关系,并进一步认为福利有个人和社会之分。在研究中被广泛运用的一个福利概念源自联合国《千年生态系统评估报告》,认为福利包括以下五个有机的、相互作用的部分:物质、健康、社会关系、安全以及自由权和选择权。

根据不同的标准,福利存在以下几种分类:主观福利、客观福利;经济福利、非经济福利;社会福利、环境福利、经济福利;正福利、负福利等。在目前的研究中,部分学者将福利等同于经济福利,较少涉及环境因素,将社会、经济、环境三种因素放入同一框架下的研究更少。

(2)福利计算指标

关于福利的核算主要有主观福利和客观福利两大类。主观福利,如生活满意度、快乐指数(Common,2007;Knight et al.,2011)、居民主观幸福感等,多通过调查获得,虽具有直观性,但具有主观感受和具体情境依赖特点,且数据主要通过调查问卷形式得到,结果难免受到被调查者心理偏差的影响。由于不同国家和地区人们的心理特质有着较大区别,此类数据在研究中的可比较性和普适性较差,学者常常采用某种客观数据对客观福利进行研究。

而在众多的客观数据中,关于究竟何为"福利",每个人的认知并不相同,学者在相关的研究中皆采用其他指标作为福利的代理变量。在早期的研究中,学者常常对经济型福利指标进行研究。初期,GDP 被作为福利指标的代理变量,然而其在三个方面存在较大缺陷:其一,GDP 作为广义上经济活动的指标并未对减少福利的经济活动进行剔除;其二,没有包含提升福利的非经济活动;其三,没有考虑收入分配的影响。其后的经济型福利指标对 GDP 的某些账户进行了增加或删减,这些改进的指标有可持续经济福利指数(Index of Sustainable Economic Welfare,ISEW)(Daly et al.,1989)、真实发展指数(Genuine Progress Indicator,GPI)、真实储蓄(Genuine Saving,GS)、可持续净福利指数(Sustainable Net Benefit Index,SNBI)等。以上几个指标虽然更加贴近生活质量,但在本质上仍未摆脱追求经济增长的限制,未能充分考虑社会和环境等因素对人类福利的影响。发展中国家对于工业化和经济增长的追逐并没有显著减少贫困人口数量和缓解不平等现象,人口中最贫困的部分仍旧在饮用水、电力、医疗和基本教育方面得不到保障。甚至在某些国家或地区,在总 GDP 有显著提高的情况下,某些社会福利指标却更加恶化。当然,这并非说经济指标不重要。经济上的匮乏将导致人们在社会和政治生活中的不自由(Sen,1993)。Amsden(2010)也认为只有在创造更多的工作机会后讨论消除贫困和人类发展政策才有意义。因此,在福利指标中,经济是一个不可或缺的组成部分。

发展不仅仅是纯粹的经济增长,更是扩大人类的可选择权以及提升可实现的福利水平(United Nations Development Programme,1990)。因而,寻求包含经济成分的综合福利指标更有意义,如可持续性绩效指数(Sustainable Performance Index,SPI)由 20 个指标构成;Sen(1993)创建了人类发展指数(Human Development Index,HDI),该指数包含人类福利的三个方面,即卫生和医疗水平(出生时的预期寿命)、受教育水平(受教育年限)以及过上体面生活的能力(人均国民收入)。由于联合国开发计划署的推广,加上具有权威性及纵向和横向的可比性,这一指数广为各国学者和政府所接受。除此之外,学者出于不同的研究目的而采用单一指标对福利进行衡量,如学者常采用出生时预期寿命作为福利的代理变量,该指标受到遗传和体质因素、受教育水平、医疗水平和生活水平的影响(马磊 等,2009)。

1.2.5.3 环境与人类福利关系

人类作为在环境中生存的一类特殊生物群体,在多个方面受到环境的影响。人类福利受环境影响可以分为两大类:其一,生态服务对人类福利的影响,指生态系统提供的调节功能和文化娱乐服务功能;其二,资源供给对人类福利的影响,主要指自然环境为人类经济活动供给能源等。

在生态服务方面,联合国《千年生态系统评估报告》将生态系统服务定义为生态系统给人类提供各种产品和给人类提供服务的能力,即支持功能,如调节气候、提供净水等;文化功能,如丰富精神生活、游玩娱乐等。Carroll 等(1999)对美国森林采伐与福利之间的关系进行了研究,表明减少采伐虽然降低了经济收入,但增加了居民从森林生态环境中直接获取的福利,且福利总量有所增加。Gohlke 等(2007)的研究发现,由于生态环境的恶化,一些国家居民的预期寿命低于上一代。

在资源供给方面,严格来说,人类的一切福利要素均来源于环境,经济落后地区对环境的资源供给功能的依赖更加强烈(杨莉 等,2012)。然而,以下学者的研究却表明人类福利并不随着资源的消耗而呈不断增长的趋势。Steemers 等(2010)通过英国和印度的 12 个实例研究家庭能源使用(以二氧化碳排放量计算)与居住者福利之间的关系,研究表明能源使用增加提高了家庭用具的便利程度,但降低了居民的舒适度和满意度,同时居民的健康状况下降,最终导致福利下降,即更多能源的使用没有提高居民福利水平。Mazur(2011)利用纵向分析法对由一部分高收入国家形成的样本进行研究,发现不论人均能源消费多少,从 1980 年到 2006 年,这些国家居民的寿命均有所增长。Steinberger 等(2010)研究了能源消耗、碳排放和寿命、收入以及 HDI 之间的关系,发现适量的能源消耗和碳排放即能达到较高的 HDI,超过这一既定量并不必然带来较高的生活水平。

1.2.5.4 生态福利绩效概念的提出

可持续发展的目标就是最小化环境影响,最大化人类福利(Prescott-Allen,2001;Dietz et al.,2009)。而上述大量的文献主要研究环境和人类福利的单一方面,或者分析两者间的关系。Knight 等(2011)指出对于环境与福利关系研究的核心是利用福利的环境效率刻画可持续发展。因此,学者们将任何福利指标与生态环境消耗的比值作为生态福利绩效的指标,进而研究可持续发展。Common(2007)基于快乐生活寿命(Happy Life Years,HLY)和生态足迹指标构建了生态福利绩效"HLY/EF",其中 HLY 由人均寿命和快乐指数的乘幂得到,其中快乐指数属于主观福利指标。在 Dietz 等(2012)的论文中,生态福利绩效被定义为出生时预期寿命与人均生态足迹的比值。臧漫丹等(2013)同样以出生时预期寿命与人均生态足迹的比值作为生态福利指数。另一个使用较多的生态福利绩效指标是人类发展指数与人均生态足迹的比值(何林 等,2011;诸大建 等,2014b)。

目前,对生态福利绩效的研究主要集中于以下五个方面:① 生态福利绩效的影响因素,如 Knight 等(2011)利用 105 个国家的数据分析了气候、政策、社会经济因素对生态福利绩效的影响。② 经济增长与生态福利绩效的关系,如 Dietz 等(2012)将生态福利绩效转化为福利生态强度,即人均生态足迹与出生时预期寿命的比值。他们利用 58 个国家的面板数据研究发现,人均 GDP 与福利生态强度的关系呈 U 形曲线。类似地,Jorgenson 等(2015)利用 45 个国家 1961—2003 年的数据,研究发现经济增长并没减少福利生态强度。诸大建等(2014a)利用 2007 年 124 个国家和地区的数据研究了生态福利绩效和经济增长的关系,以及两者关系演变的原因。③ 国家生态福利绩效的度量,如臧漫丹等(2013)对二十国集团 1996—2007 年间的生态福利绩效变化趋势进行了实证分析,研究发现大部分发达国家的生态福利绩效处在二十国集团平均值以下,绝大多数发展中国家处在平均值以上。④产业生态福利绩效的度量,如刘应元(2014)基于农业产业可持续发展的视角,利用湖北省农业产业发展的相关数据,对农业产业发展的生态福利绩效进行了测度与评价。⑤基于生态福利视角的可持续发展研究,如何林等(2011)基于生态福利绩效研究发现1990—2009年间陕西省经济发展的可持续性经历了可持续性减弱到可持续性增强再到可持续性减弱的转变,总体趋势仍是可持续性减弱。

1.2.6 现有研究的不足

上述研究对绿色发展的内涵、测度、创新驱动机制和实现路径进行了较为深入的相关研究,为本书的研究奠定了坚实的基础,但是当前研究还存在5个明显的不足之处:

(1) 目前,学者们从不同的角度阐释了绿色发展的内涵,但对绿色发展目标的认识存在一定的差异。有的认为绿色发展是为了使得经济逐步向低消耗、低能耗的方向转变,有的认为绿色发展是人与自然和谐共存以及经济、社会、生态协调共进的发展形态的转变,还有的认为绿色发展以积累绿色财富和增加人类绿色福利为根本目标。他们对绿色发展最终目标的理解不统一,无法全面准确地理解绿色发展的内涵。

(2) 目前,学者们对绿色发展测度问题进行了初步研究,研究重点是从生态环境角度进行评价。实际上,绿色发展涉及两个方面:一是自然消耗,二是人类福利。然而,从这两个维度进行绿色发展测度研究的学者甚少。

(3) 目前,学者们对绿色发展与创新发展的相互关系的研究还不够深入,对两者之间内在联系的阐述不够明确。绿色发展如何引导创新发展的方向和速度,以及创新发展如何成为支撑、激励、约束绿色发展的机制还缺乏实质性的研究。

(4) 目前还缺乏基于区域层面的绿色发展相关问题的实证研究,如目前中国绿色发展水平具体如何,绿色发展与经济增长具有何种关系,如何评估一个地区绿色发展是何种类型。

(5) 实际上,绿色发展的核心是解决自然消耗和人类福利水平两个方面的问题,已有研究显示生态福利绩效涉及上述两个方面,但目前尚无从生态福利绩效视角对绿色发展进行相关方面的研究。因此,对此有待深入系统的研究。

1.3 研究内容与思路方法

1.3.1 研究内容

在已有相关研究基础上,本书基于生态福利绩效视角研究上述研究存在的不足。本书的研究对象是绿色发展的创新驱动机制以及与其相关的中国绿色发展政策建议。本书重点回答以下问题:(1) 绿色发展的内涵是什么;(2) 如何对绿色发展进行测度;(3) 绿色发展的创新驱动机制是什么。具体研究内容如下:

(1) 绿色发展的理论基础。在全球整体的自然消耗已经超过生态环境承载能力以及中国不能"在生态环境的承载能力以内实现较高的福利水平"的前提下,本书研究绿色发展的理论基础。本书从中国传统文化中"天人合一"思想、马克思主义、生态马克思主义以及可持续发展理论中梳理绿色发展的理论基础。

(2) 绿色发展的内涵与分析工具。本书在绿色发展理论基础上对绿色发展内涵进行界定,并从对象—过程—主体视角分析绿色发展机制,并且分析生态福利绩效作为绿色发展分析工具的可行性。

(3) 基于生态福利绩效的绿色发展测度研究。本书构建基于生态福利绩效的绿色发展水平测度方法,对中国 2001—2015 年 31 个地区的绿色发展现状进行定量分析。在此基础上,本书进一步采用对数平均迪氏指数(Logarithmic Mean Divisia Index,LMDI)法对绿色发展的总体效应进行因素分解分析;基于 Tapio 脱钩模型研究中国区域的人类福利与自然消耗之间的脱钩关系;基于中国 31 个区域的数据对经济增长与生态福利绩效(即绿色发展水平)之间的关系进行定量分析。

(4) 基于生态福利绩效的绿色发展创新驱动机制研究。本书首先梳理创新理论和创新驱动理论等理论基础,进而剖析技术创新、制度创新与绿色发展之间是否存在协同演化关系。从理论分析角度,若得到技术创新、制度创新与绿色发展之间存在协同演化关系,则构建协同演化关系检验模型进行检验,并在此基础上基于复杂系统协同度测度模型研究中国技术创新、制度创新与绿色发展之间的协同演化程度。

（5）基于生态福利绩效的绿色发展政策建议。本书首先剖析中国"十五""十一五""十二五""十三五"四个五年规划中与绿色发展与创新驱动相关的政策演变特征。其次，分析绿色发展的国际成功经验。再次，基于人类福利水平和自然消耗水平两个维度，构建绿色发展类型评估模型。最后，根据相关研究结果，提出技术创新、制度创新和协同创新的相关政策建议。

1.3.2 研究思路方法

本书从分析绿色发展的理论基础入手，首先对绿色发展进行测度研究，然后对创新驱动绿色发展理论进行规范与定量研究，进而提出中国创新驱动绿色发展的政策建议，具体的研究思路如图1-1所示。

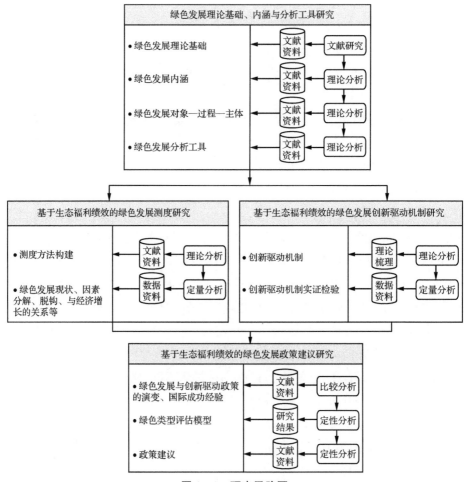

图1-1 研究思路图

本书主要的研究方法包括:(1)文献研究法,广泛收集国内外相关文献,为本书研究奠定坚实的基础。(2)理论分析法,如结合马克思主义理论、生态学马克思主义理论、可持续发展理论等理论方法,在理论上对绿色发展理论基础展开研究;基于创新理论、创新驱动理论、创新经济学理论、制度经济学理论等理论方法,研究绿色发展和创新驱动的关系。(3)定量研究法,如采用对数平均迪氏指数法对绿色发展水平进行因素分解,采用计量方法实证检验创新对绿色发展的影响机制。(4)定性分析法,如采用定性分析法分析绿色发展类型提升路径和绿色发展相关政策建议等。(5)比较分析法,如对区域绿色发展水平、绿色发展与创新驱动政策进行比较分析和动态研究。

1.4 主要创新点

本书可能的创新之处体现在以下三个方面:

(1)提出了绿色发展新的分析工具——生态福利绩效。本书较为系统地梳理了绿色发展思想渊源,界定了绿色发展内涵,并剖析了绿色发展对象、过程和主体。在此基础上,本书论述了生态福利绩效作为绿色发展分析工具的可行性。本书将生态福利绩效作为新的理论范式引入绿色发展研究,为绿色发展研究提供新的研究视角。

(2)基于生态福利绩效构建了绿色发展测度方法。根据对绿色发展的界定,本书将人类福利水平与自然消耗之比即生态福利绩效作为绿色发展水平的测度方法。基于该测度方法,可以定量研究绿色发展的现状、影响因素分解、脱钩关系、绿色发展与经济增长的关系,以及绿色发展类型评估等。因此,本书提出的绿色发展测度方法将有利于推动绿色发展定量研究。

(3)提出并验证了技术创新、制度创新与绿色发展的协同演化关系。借助于生态福利绩效概念,本书把创新发展与绿色发展两大理念结合起来,从理论分析和实证检验两个方面,论证了技术创新、制度创新与绿色发展的协同演化关系,这有助于深化中国特色社会主义绿色发展的理论研究。

第二章

绿色发展的理论基础

党的十八大以来,习近平总书记立足推进中国特色社会主义现代化建设,就促进人与自然和谐发展提出了一系列新思想、新观点和新论断,凝聚形成了绿色发展理念,推动了马克思主义生态文明思想在当代中国的创新性发展。针对此,本章试图理清绿色发展的理论基础。理清绿色发展的理论基础是对绿色发展进行深入研究的前提,而这正是本章研究的基本问题。针对此,在已有相关研究的基础上,本章基于中国传统文化、马克思主义等理论梳理绿色发展的理论基础。本章的研究将为后面章节的研究奠定坚实的基础。

2.1 绿色发展的传统理论基础

"天人合一"是中国传统文化的主流观点,其中,天在中国古代主要指自然之天、主宰之天和义理之天,而人指人类,也可涵盖人道、人为、人欲等与人相关的人类活动。庄子是最早阐述"天人合一"思想的,他在《庄子·齐物论》中就指出:天地与我并生,而万物与我为一。"天人合一"的思想先后经历了先秦、西汉初年和宋明时期的漫长演化过程,被汉代董仲舒发展为"天人合一"的哲学思想体系,并在此基础上形成了中国传统文化的主体(任继愈,1985)。人类文明顺利发展的基石是人与自然的和谐相处,而强调人与自然和谐相处的"天人合一"思想是中国传统文化的基本精神,也是中国古典哲学的核心。"天人合一"的绿色发展思想主要体现在以下两个方面。

(1) 人与自然是不可分割的一个整体。人与自然是统一的整体,二者彼此相通,一荣俱荣,一损俱损。老子说的"故道大,天大,地大,人亦大。域中有四大,而人居其一焉",肯定了人是自然界的一部分。庄子说的"天地与我并生,而万物与我为一",认为天地万物与"我"是统一和谐的有机整体。儒家从"性天同一"思想出发,竭力主张天人一体,反对人与自然的分割和对立。《孟子·尽心上》指出,"尽其心者,知其性也。知其性,则知天矣",强调了人经过后天的努力和修炼,可以达到人天相参的人生境界。荀子在《荀子·天论》中指出"万物各得其和以生,各得其养以成",主张天地万物和谐统一。张载在《西铭》中说:"乾称父,坤称母;予兹藐焉,乃混然中处。故天地之塞,吾其体;天地之帅,吾其性。民,吾同胞;物,吾与也。"张载明确提出人与万物都得之于宇宙,与宇宙浑然一体的思想。他提出,民众百姓都是我同胞兄弟,应以仁爱相待;宇宙万物都是我的亲密朋友,应该爱护、保护。儒家这种万物交融、并育不害的思想,体现了人类生存的大智慧(朱瑞,2005)。

(2) 人与自然和谐相处。"天人合一"思想所追求的终极性目标是实现人与自然的和谐交融。"天人合一"思想(朱瑞,2005)一方面强调尊重自然规律,"顺天休命""辅相天地之宜",另一方面又要充分发挥人的能动作用,"裁成天地之道""范围天地之化"。在此基础上,自觉与天地参赞化育,和谐共生。《易传》中提到"乾道变化,各正性命",这里的"天命"不是现代意义上的"自然规律",但却不妨理解为人生所必须遵循的"宇宙自然法则"(胡鞍钢,2012)。

胡鞍钢(2012)认为:如果说可持续发展思想是由西方学者提出的,源于西方文明和文化,是对工业革命以来的不可持续发展的资本主义生产方式、消费方式的反思和修正的话,那么"天人合一"的思想则是中国学者所创意的绿色发展理论的源泉,是创新21世纪及未来新型的人类发展的思想源泉。

2.2 绿色发展的经典理论基础

马克思主义唯物史观的基本问题便是社会发展问题,而此也是马克思主义社会发展理论的基本主题。对此,马克思主义经典作家通过一系列问题的深入探讨与研究,形成了马克思主义社会发展理论的科学体系。该理论体系包含以下基本内容(王羽强,2013):社会发展的客观规律性与发展道路的特殊多样性;经济发展基础上的社会全面发展;社会发展必然要求自身各个系统、部分的协调发展;人与自然的和谐发展;社会发展是合力推动的必然结果;人的自由全面发展。

虽然马克思主义没有明确提出绿色发展的概念,但其哲学与经济学的思想中蕴含着绿色发展的思想,主要体现在以下三个方面。

首先,马克思主义认为生态危机的根源在于资本主义制度[1][2][3][4]。如,马克

---

① 中共中央马克思恩格斯列宁斯大林著作编译局. 马克思恩格斯文集:第五卷[M]. 北京:人民出版社,2009.
② 中共中央马克思恩格斯列宁斯大林著作编译局. 马克思恩格斯全集:第二卷[M]. 北京:人民出版社,2009.
③ 中共中央马克思恩格斯列宁斯大林著作编译局. 马克思恩格斯文集:第一卷[M]. 北京:人民出版社,2009.
④ 中共中央马克思恩格斯列宁斯大林著作编译局. 马克思恩格斯文集:第九卷[M]. 北京:人民出版社,2009.

思指出"资本主义生产发展了社会生产过程的技术和结合,只是由于它同时破坏了一切财富的源泉——土地和工人";恩格斯在《伍珀河谷来信》中描述"这条狭窄的河流泛着红色波浪,时而急速时而缓慢地流过烟雾弥漫的工厂厂房和堆满棉纱的漂白工厂";恩格斯在《英国工人阶级状况》中详细地论述了资本主义工业化对社会生态环境的严重破坏,如"如果说大城市的生活本来就已经对健康不利,那么,工人区的污浊空气造成的危害又该是多么大啊,我们已经看到,一切能污染空气的东西都聚集在那里";马克思和恩格斯认为"要消灭这种新的恶性循环,要消灭这个不断重新产生的现代工业的矛盾,又只有消灭现代工业的资本主义性质才有可能"。

其次,马克思主义认为人与自然是一个有机整体。用马克思的话来讲,人是"自然存在物","一方面具有自然力、生命力,是能动的自然存在物……另一方面,人作为自然的、肉体的、感性的、对象性的存在物,同动植物一样,是受动的、受制约的和受限制的存在物……"。作为有生命的能动的"自然存在物",人在不断地改造着自然界,以获取自己赖以生存和发展的生活必需品;"作为自然的、肉体的、感性的、对象性的存在物",人又必然受到自然的制约和限制。自然界与人类社会的关系,既像母与子,即人类依赖于自然界源源不断地获取营养,又像一对同胞兄弟,相互依赖,携手共进(刘玉高 等,2016)。

最后,马克思主义认为科学技术在有效提高原料利用率、促进资源的循环使用方面具有重要的作用。马克思认为:随着资本主义生产规模的不断扩大、原料的缺乏与价格的提高,对生产与生活废物的回收利用逐渐得到重视,而正是由于机器的改良,使那些在原有形式上本来不能利用的物质,获得一种在新的生产中可以利用的形式;科学的进步,特别是化学的进步,发现了那些废物的有用性质[①]。

2.3 绿色发展的当代理论基础

2.3.1 当代中国绿色发展观

毛泽东虽未提出绿色发展的概念,但其思想开创了中国当代绿色发展观的

---

① 中共中央马克思恩格斯列宁斯大林著作编译局. 马克思恩格斯选集:第四卷[M]. 2版. 北京:人民出版社,1995.

第二章 绿色发展的理论基础

先河。毛泽东的绿色发展思想主要体现为:毛泽东首先从生产实践的视角来阐释自然的存在以及人与自然关系的发生,"人最初是不能将自己同外界区别的,是一个统一的宇宙观,随着人能制造较进步工具而有较进步生产,人才能逐渐使自己区别于自然界,并建立自己同自然界对立而又统一的宇宙观"(黄志斌 等,2015)。毛泽东认为自然资源是人类生活和生产活动的前提,没有充足与高质量的原料,农业和工业活动都无法有效展开,总之,天上的空气、地上的森林、地下的宝藏,都是建设社会主义所需要的重要因素①。毛泽东在对历史的经验总结中看到水利是农业的命脉,只有进行流域治理、搞好水利工程建设才能彻底解决水旱灾害,促进农业的可持续发展。同时,毛泽东也深刻认识到森林对改善气候、防止水土流失、支持农业和工业生产、改善人民劳动、工作、学习和生活环境的重要意义(陈凡 等,2013)。

在吸收继承马克思、恩格斯、毛泽东绿色发展思想的基础上,邓小平结合中国改革开放之初的新情况、新问题,提出了许多关于绿色发展的建设性思想(刘建华 等,2011)。针对20世纪80年代初中国发生的特大自然灾害,邓小平提出了"植树造林,绿化祖国,造福后代"的口号。于是,在20世纪80年代,中国开展了大规模的造林绿化工作,并启动了"三北"防护林等一大批绿色生态建设工程。邓小平非常注重经济与环境协调发展,曾明确强调"抓生产、抓城建,这都很对,但如果不把漓江治理好,即使工农业生产发展得再快,市政建设搞得再好,那也是功不抵过"。邓小平非常注重通过科学技术实现环境保护和资源的循环利用、创新开发。如1983年1月,邓小平在同各部委同志谈话时再次强调科技对农业和能源的重要性,"解决农村能源、保护生态环境等等,都要靠科学"。环境立法是邓小平绿色发展思想的一大特色,邓小平曾指出:"应该集中力量制定刑法、民法、诉讼法和其他各种必要的法律,例如工厂法、人民公社法、森林法、草原法、环境保护法、劳动法、外国人投资法等等。"

江泽民绿色发展思想主要体现为:要促进人和自然的协调与和谐,自觉去认识和正确把握自然规律,学会按自然规律办事,实现经济建设和生态环境协调发展②③。针对20世纪90年代日益突出的资源与环境问题,江泽民明确提出

---

① 中共中央文献研究室.毛泽东文集:第七卷[M].北京:人民出版社,1999.
② 江泽民.江泽民文选:第三卷[M].北京:人民出版社,2006.
③ 江泽民.江泽民文选:第二卷[M].北京:人民出版社,2006.

可持续发展的科学理念①,指出:在现代化建设中,必须把实现可持续发展作为一个重大战略;不仅要安排好当前的发展,还要为子孙后代着想,决不能吃祖宗饭、断子孙路,走浪费资源和先污染后治理的路子。此外,江泽民提出依靠科技推动低碳循环经济发展方式。在党的十五大上,江泽民指出资源开发和节约并举,把节约放在首位,提高资源利用效率;在党的十六大上,江泽民提出坚持以信息化带动工业化,以工业化促进信息化,走出一条科技含量高、经济效益好、资源消耗低、环境污染少、人力资源优势得到充分发挥的新型工业化路子②③。

以胡锦涛为核心的中央领导集体提出了科学发展观这一新的发展理念,它建立在唯物史观和辩证自然观相统一的理论基础上,既要求经济社会又好又快地发展,又要求生态、经济、社会这一有机整体协调可持续地发展,体现出以人为本与以生态为本价值取向的双重统一,这也正是科学发展观的绿色实质之所在。以科学发展观"引导我们变黑色发展和崛起为绿色发展和崛起",是由科学发展观的绿色特质和绿色价值取向所决定的,也集中体现了科学发展观的绿色发展属性和特征(陈凡 等,2013)。

习近平的绿色发展思想集中表现在他发表的多次重要讲话中,如习近平指出:"建立在过度资源消耗和环境污染基础上的增长得不偿失。我们既要创新发展思路,也要创新发展手段。要打破旧的思维定式和条条框框,坚持绿色发展、循环发展、低碳发展。""加快经济发展方式转变和经济结构调整,是积极应对气候变化,实现绿色发展和人口、资源、环境可持续发展的重要前提。""要加快开发低碳技术,推广高效节能技术,提高新能源和可再生能源比重,为亚洲各国绿色发展和可持续发展提供坚强的科技支撑。""我们既要绿水青山,也要金山银山。宁要绿水青山,不要金山银山,而且绿水青山就是金山银山。""要大力弘扬生态文明理念和环保意识,使坚持绿色发展、绿色消费和绿色生活方式,呵护人类共有的地球家园,成为每个社会成员的自觉行动。""绿色发展和可持续

---

① 江泽民. 江泽民文选:第一卷[M]. 北京:人民出版社,2006.
② 江泽民. 江泽民文选:第三卷[M]. 北京:人民出版社,2006.
③ 江泽民. 江泽民文选:第二卷[M]. 北京:人民出版社,2006.

发展的根本目的是改善人民生存环境和生活水平,推动人的全面发展。"①②③习近平的绿色发展思想体现了:转变经济发展方式是实现绿色发展的重要前提;发展循环经济是推进绿色发展的重要手段;大力发展绿色技术是绿色发展的重要技术支撑;正确处理经济发展同生态环境保护的关系是推进绿色发展的基本要求;发展绿色消费是推进绿色发展的重要途径;改善人民群众的生存环境是中国走绿色发展道路的根本目标(秦书生 等,2015)。

2.3.2 当代生态马克思主义绿色发展观

在20世纪中期,针对日益严峻的生态危机,人们寻找新的批判工具去解释生态危机的根源,而生态马克思主义就是在此背景下兴起的一种社会思潮。生态马克思主义旨在将马克思主义的基本原理及批判功能与人类面临的日益严峻的生态问题相结合,寻找一种能够指导解决生态问题及人类自身发展问题的"双赢"理念(马万利 等,2009)。生态马克思主义的形成大致经过了法兰克福学派的酝酿、阿格尔的确立以及奥康纳、福斯特、岩佐茂等人的发展等几个阶段。其中,马尔库塞分别于1964年和1972年出版的《单向度的人》和《反革命与造反》是生态马克思主义出现的标志;莱斯于1972年和1976年出版的《自然的统治》和《满足的极限》以及阿格尔在1975年和1979年出版的《论幸福的生活》和《西方马克思主义概论》则是生态马克思主义形成的标志(刘仁胜,2007a)。

生态马克思主义主要代表人物的论点中蕴含着绿色发展思想。具有代表性的论点有(沈月,2014):奥康纳认为,资本主义存在着两重矛盾与两种危机。第一重矛盾是生产力与生产关系之间的矛盾,即资本主义社会的基本矛盾,这个矛盾会导致经济危机;第二重矛盾是生产力、生产关系与生产条件之间的矛盾,这个矛盾所引发的最终结果是生态环境恶化的生态危机。福斯特在《反对资本主义的生态学》一书中更鲜明地揭示了资本主义制度具有反生态性的本质,资本主义和生态是根本对立的。福斯特认为,从资本主义生产的目的来看,

---

① 习近平.携手推进亚洲绿色发展和可持续发展[N].人民日报,2010-04-11.
② 习近平.深化改革开放共创美好亚太:在亚太经合组织工商领导人峰会上的演讲[N].人民日报,2013-10-08.
③ 习近平.绿水青山就是金山银山[N].人民日报,2014-07-11.

它不是建立在人的基本需要之上的,而是把追求经济利益的最大化放在了首位。高兹提出了"生态理性",认为生态理性不以利润为动机,它以生态保护为原则。生态理性不像经济理性那样和资本主义生产相联系,它与社会制度相联系。只有在社会制度下,才能在生态理性的引导下保护我们赖以生存的环境。生态理性可以维持生态系统的平衡,可以消耗最少的资源满足人类基本的需要,而不是"越多越好"。阿格尔认为,异化消费与资本无限扩张的本性紧密相联,并与生态系统的有限性构成冲突,最终导致生态危机。为了满足人们不断扩大的"虚假需要",实现利益的最大化,资本缩短了其生产周期,也加大了对有限自然资源的掠夺。

2.3.3 当代可持续发展理论

可持续发展理论源于20世纪50—60年代人类面临巨大的自然环境危机的反应与应战,其中1962年美国生物学家雷切尔·卡逊发表的环境科普著作《寂静的春天》标志着人类对于生态环境危机反思的开始,并在世界范围内引发了人类关于发展观念上的争论。1987年,联合国世界环境与发展委员会发表了一份报告《我们共同的未来》,正式提出了"可持续发展"的概念和模式,并以此为主题对人类共同关心的环境与发展问题进行了全面论述。而"可持续发展"一词最早出现在1980年由国际自然保护同盟制订的《世界自然保护大纲》,其概念最初源于生态学,指的是对于资源的一种管理战略。

而对于可持续发展概念,比较有影响的主要有:1987年,世界环境与发展委员会将可持续发展定义为"可持续发展是指既满足当代人的需要,又不对后代人满足其需要的能力构成危害的发展";1991年,国际生态学协会和国际生物科学联合会将可持续发展定义为"保护和加强环境系统的生产和更新能力";1991年,世界自然保护联盟、联合国环境规划署和原世界野生生物基金会共同发表了《保护地球——可持续生存战略》,将可持续发展定义为"在生存于不超出维持生态系统涵容能力的情况下,提高人类的生活质量"。

1992年6月,在巴西里约热内卢举行的联合国环境与发展大会上,178个国家和地区的领导人通过了《21世纪议程》等一系列文件,使可持续发展走出了在理论上探索的阶段。2002年,约翰内斯堡世界首脑会议强调实行"全新绿色新政""迈向绿色经济",使可持续发展的理念正式得到了国际社会的普遍认同,并走向如何实施。

2.4 本章小结

理清绿色发展的理论基础是深入研究绿色发展的前提,因此本章从绿色发展的传统理论基础(中国传统文化中的"天人合一"思想)、经典理论基础(马克思主义社会发展与绿色发展思想),以及当代理论基础(当代毛泽东、邓小平、江泽民、胡锦涛和习近平等思想,生态马克思主义和可持续发展理论)等出发,较为系统地梳理了绿色发展的理论基础。

第三章

绿色发展的内涵与分析工具

基于第 2 章绿色发展理论基础研究,本章重点研究以下问题:绿色发展的具体内涵是什么,绿色发展的机制是什么,绿色发展的有效分析工具是什么。针对这些问题,在已有相关研究的基础上,本章基于中国传统文化、马克思主义等理论基础中的绿色发展思想对绿色发展概念进行界定,并从对象—过程—主体三个方面剖析绿色发展的机制,以及生态福利绩效作为绿色发展分析工具的可行性。本章的研究将为后面章节的研究奠定坚实的基础。

3.1　黑色发展向绿色发展转变

目前,人类社会相继经历了原始文明、农业文明、工业文明与生态文明。在不同文明形态下,人类选择了不同的发展道路。对于上述四种不同的文明形态,与之对应的四种经济发展方式为无色发展、黄色发展、黑色发展与绿色发展。其中,在原始文明时期,人类处于大自然整体环境中,敬畏自然、顺从自然,人类与自然环境之间的关系是"朴素"的和谐关系。在农业文明形态下,人类选择以黄色土地为生产对象的黄色发展道路,面临的资源环境约束微乎其微,人类与自然环境之间处于"强和谐"状态。在工业文明形态下,人类选择高资源投入、高产品产出、高污染排放的黑色发展道路与方式,人类与资源环境之间的关系变得日益不和谐,经济发展的资源环境约束日益趋紧并有可能突破约束边界,后果不堪设想(许广月,2014)。

人类社会要想继续延续下去,必须转变黑色发展模式(许广月,2014),因为黑色发展的主体是以利益最大化为导向、无视生态利益的"单一理性经济人";黑色发展以"只注重经济发展数量、不注重经济发展质量"为特征的不可持续目标为导向;黑色发展的模式是"低成本竞争、高资源环境代价"的发展模式;黑色发展过程是典型的"线性强物质化"过程,是建立在假定资源环境具有无限性的基础上的,其在"物质资源投入—产出增长—污染排放"线性机制的作用下,以经济增长为核心目标;黑色发展是以"黑色工业化、黑色城市化与黑色现代化"为发展路径的。

从 20 世纪 50 年代初开始,中国开始制定第一个五年规划。从总体上来看,中国五年规划由经济计划转变为战略规划,由经济计划转向全面发展规划,由黑色发展计划转向可持续发展计划,再转向绿色发展规划(胡鞍钢,2012)。联合国计划开发署于 2001 年发表《中国人类发展报告 2002:绿色发展,必选之路》,较早提出中国应当选择绿色发展之路。中国在"十二五"规划中明确把绿色发展纳入国家战略规划中。在党的十八届五中全会上,习近平同志系统论述了创新、协调、绿色、开放、共享"五大发展理念",强调实现创新发展、协调发展、绿色发展、开放发展、共享发展。这"五大发展理念",是中国"十三五"乃至更长时期的发展思路、发展方式和发展着力点。

3.2 绿色发展的内涵界定

中国传统文化中的"天人合一"思想、马克思主义、生态马克思主义以及可持续发展理论均探讨了人类发展与生态资源环境的关系,为绿色发展奠定了坚实的理论基础。究竟绿色发展的内涵是什么,不同学者对其理解并不一致,如表3-1所示。但是可以看出,学者们对绿色发展的认识是一个逐步深化的过程,他们都强调对生态环境的保护,强调发展不是以牺牲生态环境为代价的,这是对黑色发展的深刻批判与根本性决裂。但他们对绿色发展目标的认识具有一定的差异,有的认为绿色发展是使得经济逐步向低消耗、低能耗的方向转变,有的认为绿色发展是人与自然和谐共存以及经济、社会、生态协调共进的发展形态的转变,还有的认为绿色发展以积累绿色财富和增加人类绿色福利为根本目标。

本章在上述研究的基础上,将绿色发展界定为:绿色发展是最小化自然消耗和最大化人类福利的一种发展模式,即在经济活动中用最小量的自然消耗获得最大化的人类福利。其中,自然消耗包含"源"和"汇"两个维度:"源"是指生态系统为人类活动提供的低熵物质,比如土地资源、矿产资源和水资源等;"汇"是指自然界吸收人类活动产生的高熵废弃物,比如废气、废物和生活垃圾等。在粗略的意思上看,如果说1949—1978年中国的发展是政治主导的1.0版,1978年以来的发展是经济主导的2.0版,那么十八大以来的中国发展则是以民生为重的3.0版(诸大建 等,2013),而本章的绿色发展的内涵正是对此的体现。本章中的绿色发展将人类福利作为自然消耗和经济活动的根本目标,在经济发展过程中致力于物质化转型和人类福利发展转型两个方向,而摒弃了单纯地追求GDP增长主义。

当自然消耗增加的速度小于人类福利增加的速度时,两者分离的情景才会出现。基于这样一种判断标准,本章对自然消耗和人类福利可能存在的四种不同的组合关系逐一展开分析。情景1:自然消耗与人类福利同步增长。情景2:自然消耗与人类福利出现了不同步的增长趋势,自然消耗相对低的增长,绿色发展开始出现相对脱钩的情景,这种状况相对情景1而言要更好。情景3:人类福利仍在增长,而自然消耗呈现零增长趋势,绿色发展开始出现绝对脱钩的情景。情景4:人类福利仍在增长,而自然消耗出现拐点并呈下降趋势,这是绿色发展的最终目标。目前,中国的经济发展现状属于情景1,而绿色发展最终目标就是达到绝对脱钩的情景。因此,中国经济发展要达到绿色发展模式仍需要经历一段很长的发展历程。

表3-1 绿色发展内涵主要界定

作者	主要思想
侯伟丽(2004)	在资源环境承载潜力基础上,依靠高科技,更多地以人造资本代替环境和自然资本,从而提高生产效率,使经济逐步向低消耗、低能耗的方向转变
王金南等(2006)	环境与资源可持续的、人与自然和谐相处的、环境作为内在生产力的一种发展模式
冯之浚(2011)	以节能减排为核心,要建立在科技创新的基础之上,要重视以科技创新改造传统产业,要加快以科技创新发展战略性产业
李佐军(2012)	由人与自然尖锐对立以及经济、社会、生态彼此割裂的发展形态,向人与自然和谐共存以及经济、社会、生态协调共进的发展形态的转变
王玲玲等(2012)	在生态环境容量和资源承载能力的制约下,通过保护生态环境实现可持续发展的新型发展模式和生态发展理念
胡鞍钢(2012)	为实现经济、社会、生态三位一体的新型发展道路,以合理消费、低能耗、低排放、生态资本不断增加为主要特征,以绿色创新为基本途径,以积累绿色财富和增加人类绿色福利为根本目标,以实现人与人之间和谐、人与自然之间和谐为根本宗旨
黄志斌等(2015)	建立在资源承载力与生态环境容量的约束条件下,通过"绿色化""生态化"的实践,达到人与自然日趋和谐,绿色资产不断增值、人的绿色福利不断提升的目标,从而实现经济、社会、生态协调发展
庄友刚(2016)	绿色发展理念的核心是人对自然的改造更加符合人生存和发展的需要

3.3 绿色发展的对象、过程、主体

诸大建(2016)提出基于对象、过程、主体的可持续发展科学的分析模型,对理论研究和政策分析中一些经常碰到的关键问题进行辨析。下面我们借鉴上述分析模型,从对象、过程和主体三个方面,对绿色发展机制进行剖析。

(1) 绿色发展的对象分析。绿色发展是在经济活动中用最小量的自然消耗获得最大化的人类福利,因此包含了环境、社会和经济三个方面。绿色发展一方面先要处理好环境和经济的关系。其中,环境主要涉及自然消耗,包含生态系统为人类活动提供的低熵物质和自然界吸收人类活动产生的高熵废弃物,而经济涉及的主要是经济发展。而非绿色发展主要依靠高自然消耗来获得经济的产出,从而导致经济发展给环境系统带来严重的破坏。绿色发展就是要彻底改变此现状,在经济发展过程中控制自然消耗不要超过环境系统的极限。另一方面,绿色发展要处理好经济和社会的关系。其中,社会主要涉及人类福利。绿色发展要求不应以经济产出为最终目标,其中经济产出主要是指GDP,而应以提高人类福利水平为最终目标。

因此,绿色发展需要完整地思考环境、经济和社会三者间的关系。由于关键自然资本的可替代能力是有限的,如果可再生能源的开采规模超过了再生能力,不可再生资源的使用规模超过了替代速度,环境容量的使用规模超过了地球承载能力,那么自然资本的稀缺就会成为制约世界发展的关键性因素(诸大建,2016)。因此,自然资本是社会和经济发展的前提条件;同时,社会经济发展的物质规模受到自然系统的约束;而社会系统又是经济系统的前提条件,经济增长的状况又受到社会伦理条件的制约(诸大建 等,2014)。所以,绿色发展中,环境、经济和社会三者间的关系是包含关系。

(2) 绿色发展的过程分析。对于绿色发展不能将其归结为环境问题,不能只是简单地加强对末端环境问题治理。对于环境问题,绿色发展是要给出高于传统的环境主义的解决方案,要求改变经济发展模式。从过程来看,绿色发展要求从被动地应对事后污染处理,转化为主动的预防式的经济发展。如习近平指出:"要把节约资源作为基本国策,发展循环经济,保护生态环境……;要呵护人类赖以生存的地球家园,建设生态文明,形成节约能源资源和保护生态环境

的产业结构、增长方式、消费模式……""要加快开发低碳技术,推广高效节能技术,提高新能源和可再生能源比重,为亚洲各国绿色发展和可持续发展提供坚强的科技支撑。"①

(3) 绿色发展的主体分析。绿色发展涉及的主体包括政府、企业和个人。政府包含中央政府和地方政府,其中中央政府是绿色发展政策的制定者,而地方政府是中央政府的代理人和政策的执行者。企业在绿色发展过程中关注的是环境效益和经济效益,而个人关注的是自身福利水平。企业和个人是影响环境的直接作用者和受影响者,是政府制定政策的直接实施者。而绿色发展便是三类主体互动博弈的过程,如图 3-1 所示。正是政府、企业和个人不同利益相关主体的差异和冲突,导致了绿色发展的环境、经济和社会三个系统间的利益差异和冲突。因此,绿色发展本质上是通过发展模式的变革实现不同主体价值共享的过程。

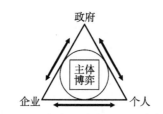

图 3-1　绿色发展的主体互动博弈过程

3.4　绿色发展分析工具:生态福利绩效

诸大建等(2014a)指出生态福利绩效是指自然消耗转化为福利水平的效率,并从经济系统和生态系统的关系、空的世界和满的世界以及弱可持续和强可持续三个方面,分析了生态福利绩效的理论基础。由前面对绿色发展内涵的界定可知,生态福利绩效为绿色发展提供了一种新的分析工具,具体体现在以下三个方面。

(1) 从生态福利绩效理论基础可知:生态系统是有边界的,而经济系统作为其子系统也是有边界的,经济系统的运转受到生态系统的制约;自然资本成为

---

① 习近平.携手推进亚洲绿色发展和可持续发展[N].人民日报,2010-04-11.

经济增长和人类福利水平提升的制约性要素(诸大建 等,2014a)。此外,环保机构全球足迹网络(Global Footprint Network)发布的数据显示,地球于2016年8月8日达到了生态超载日,即地球进入了2016年度生态赤字状态,人类在不到8个月的时间里用完了地球本年度可再生自然资源的总量。达到地球生态超载日意味着人类今年将消耗相当于1.6个地球的资源。因此,生态福利绩效理论与全球现实情况都要求人类社会发展必须降低自然消耗,并将自然消耗控制在生态环境的承载能力之内。这与绿色发展最小化自然消耗是一致的。

(2) 国内外相关研究显示,较高水平的经济增长并不意味着较高的生态福利绩效。如,Common(2007)实证研究发现,经济增长与生态福利绩效之间呈现负相关关系;Dietz等(2012)利用58个国家面板数据研究发现,经济增长与生态福利绩效的关系呈倒U型曲线;诸大建等(2014a)利用2007年涵盖124个国家和地区的横截面数据,发现经济增长与生态福利绩效亦呈倒U型关系。这意味着发展不应以经济产出为最终目标,其中经济产出主要是指GDP。其与绿色发展的最终目标不是经济增长,而是提高人类福利水平是一致的。

(3) 生态福利绩效是指自然消耗转化为福利水平的效率(诸大建 等,2014b),因此在一定的人类福利水平或自然消耗水平下,生态福利绩效可反映一个国家或地区的绿色发展程度,从而为绿色发展提供一种定量分析工具。绿色发展的目标是实现国家或地区"高福利,低消耗"的状态。通过对生态福利绩效的定量分析,可以识别出一个国家或地区属于"高福利,低消耗""高福利,高消耗""低福利,低消耗""低福利,高消耗"四种类型中的哪一种。

因此,生态福利绩效至少在以下三个方面提供了有用信息:(1) 从最直接的度量目标来看,生态福利绩效指单位生态资源消耗带来的福利价值量的提升,体现了本章绿色发展的内涵。(2) 生态福利绩效联系社会、经济、生态三个方面,可作为绿色发展衡量指标。其以人类福利水平为最终目标,而经济增长只是中间手段。(3) 生态福利绩效属于强可持续理论范畴,是对弱可持续理论中生态经济效率的一次突破,可对目前和未来的绿色发展进行评估和预测。

3.5 本章小结

本章在黑色发展分析的基础上,结合绿色发展的理论基础,将绿色发展界定为:绿色发展是最小化自然消耗和最大化人类福利的一种发展模式,即在经济活动中用最小量的自然消耗获得最大化的人类福利。在绿色发展概念界定的基础上,本章对绿色发展的对象—过程—主体进行了分析。其中,绿色发展对象:绿色发展包含环境、经济和社会三个方面,需处理好三者间的关系。绿色发展过程:绿色发展要求从被动地应对事后污染处理,转化为主动的预防式的经济发展。绿色发展主体:绿色发展涉及的主体包括政府、企业和个人,绿色发展本质上是通过发展模式的变革实现不同主体价值共享的过程。最后,本章从三个方面阐述了生态福利绩效为绿色发展提供了一种新的分析工具。

第四章

基于生态福利绩效的绿色发展测度研究

第 2 章与第 3 章对习近平总书记提出的绿色发展理念的理论基础、内涵与分析工具进行了较为系统的研究,而本章重点研究绿色发展测度问题,以期推动绿色发展理论定量研究。由第 1 章 1.2.2 节可知,目前学者们提出了许多绿色发展测度方法,而本章将从新的视角对其进行研究。基于第 3 章绿色发展概念的界定以及利用生态福利绩效分析绿色发展的可行性研究,本章将采用生态福利绩效对绿色发展进行测度研究。基于中国 2001—2015 年 31 个地区的实际数据,本章对中国绿色发展现状进行定量分析,进而研究绿色发展的影响因素、脱钩状态及其与经济增长的关系。上述定量研究有利于清晰地了解中国绿色发展现状,并为后续章节研究奠定基础。

4.1 生态福利绩效的测度方法

4.1.1 生态福利绩效的量化

第 3 章对绿色发展概念的界定为:绿色发展是最小化自然消耗和最大化人类福利的一种发展模式,即在经济活动中用最小量的自然消耗获得最大化的人类福利。因此,本章的绿色发展水平测度涉及两个方面:自然消耗和人类福利。臧漫丹等(2013)指出生态福利绩效能够反映福利与生态资源消耗的相对变化趋势,携带了经济、社会和生态方面的大量信息,是考察社会和生态因素的经济增长相对健康程度的量化指标。同时根据第 3 章的分析,我们采用公式(4-1)评价绿色发展程度。

$$\text{生态福利绩效} = \text{福利(价值量)} / \text{自然消耗(实物量)} \quad (4-1)$$

根据第 1 章文献综述可知,目前,学者们对生态福利绩效中的自然消耗均采用人均生态足迹进行度量,而主要采用以下三种方法对生态福利绩效的福利水平进行度量:用生活满意度和预期寿命的乘积表示的幸福生活年限、人类发展指数以及出生时预期寿命。幸福生活年限中,生活满意度是主观数据,可得性较差,预期寿命是单一指标,而人类发展指数是个综合指标,由预期寿命、教育和收入复合而成。上述三种方法都有各自的优缺点,本章采用数据易得的复合指标人类发展指数(HDI)度量人类福利水平,采用人均生态足迹(EF)度量自然消耗。

基于以上分析,本章的生态福利绩效(WPE)公式可以表示为:

$$WPE = \frac{HDI}{EF^*} \quad (4-2)$$

其中,由于人类发展指数是无量纲的,笔者在计算过程中对 EF 采用极大化方法进行无量纲化处理。在公式(4-2)中 * 表示无量纲化后的变量。

4.1.2 人类发展指数

人类发展指数是联合国开发计划署于 1990 年在发布的《1990 年人类发展报告》中首次提出的,其是以"预期寿命、教育水平和生活质量"为基础变量,按照一定的计算方法得出的综合指标,是用以衡量经济社会发展水平的指标。根据上节分析,本节采用人类发展指数衡量人类福利水平,采用《2010 年人类发展报告》中的计算方法进行计算,下面介绍具体的计算方法。

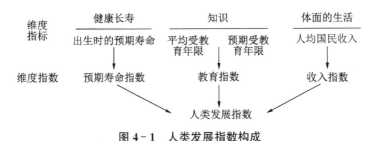

图 4-1 人类发展指数构成

(资料来源于《2010 年人类发展报告》)

联合国开发计划署于 2010 年对人类发展指数的计算方法进行了重大调整,对人类发展指数从人类发展的三个基本维度进行衡量,三个维度分别是健康长寿、知识和体面的生活,具体见图 4-1。此次对人类发展指数计算公式和所选取的指标进行的调整体现在:在知识维度的指数计算中,用平均受教育年限和预期受教育年限替代了原来的成人识字率和毛入学率;在体面的生活水平的计算中,用人均国民收入替代了原来的人均 GDP,具体的调整可参见表 4-1。

表4-1 人类发展指数计算指标调整

一级指标	二级指标	维度	2010年以前的三级指标	2010年以后的三级指标
人类发展指数	预期寿命指数	健康长寿	出生时预期寿命/年	出生时预期寿命/年
	教育指数	知识	成人识字率/%	平均受教育年限/年
			毛入学率/%	预期受教育年限/年
	收入指数	体面的生活	人均国内生产总值/美元	人均国民收入/PPP美元

资料来源：《2010年人类发展报告》。

人类发展指数是三个维度指数的几何平均值，具体如公式(4-3)所示：

$$人类发展指数 = 预期寿命指数^{\frac{1}{3}} \times 教育指数^{\frac{1}{3}} \times 收入指数^{\frac{1}{3}} \quad (4-3)$$

其中，预期寿命指数、教育指数和收入指数计算方法如下：

$$预期寿命指数 = \frac{出生时预期寿命 - 最小值}{最大值 - 最小值} \quad (4-4)$$

$$教育指数 = \frac{\sqrt{平均受教育指数 \times 预期受教育指数} - 最小值}{最大值 - 最小值} \quad (4-5)$$

$$平均受教育指数 = \frac{平均受教育年限 - 最小值}{最大值 - 最小值} \quad (4-6)$$

$$平均受教育年限 = \frac{6 \times P_{小学} + 9 \times P_{初中} + 12 \times P_{高中} + 16 \times P_{大专及以上}}{P_{小学} + P_{初中} + P_{高中} + P_{大专及以上}} \quad (4-7)$$

$$预期受教育指数 = \frac{预期受教育年限 - 最小值}{最大值 - 最小值} \quad (4-8)$$

$$预期受教育年限 = 6 \times 小学毛入学率 + 3 \times 初中毛入学率 + 3 \times 高中毛入学率 + 4 \times 高等教育毛入学率 \quad (4-9)$$

$$收入指数 = \frac{\log(人均国民收入) - \log(最小值)}{\log(最大值) - \log(最小值)} \quad (4-10)$$

在上述计算公式中，P代表学历人口数，小学毛入学率默认为100%，初中毛入学率＝小学毕业生数/初中招生数，高中毛入学率＝初中毕业生数/高中招生数，高等教育毛入学率近似于高中毛入学率（因统计困难，故取近似值）。由于部分数据缺失，本章计算过程中，2001至2010年的初、高中毛入学率是由2011至2014年的数据拟合得到的。在人类发展指数计算过程中，计算所使用的最大值和最小值如表4-2所示。

表 4-2 人类发展指数计算的阈值

维度	最大值	最小值
预期寿命/年	83.4	20
平均受教育年限/年	13.1	0
预期受教育年限/年	18	0
教育指数	0.978	0
人均国民收入/PPP 美元	107 721	100

资料来源:《2010 年人类发展报告》。

4.1.3 生态足迹

生态足迹是由加拿大大不列颠哥伦比亚大学里斯教授于 1992 年提出的,后来逐渐被广泛用于衡量人类自然消耗。生态足迹是指能够提供相应人口所消费的所有资源和吸纳所产生的废弃物所需要的生态生产性土地面积(包括陆地和水域),它从"源"和"汇"两个维度度量人类的自然消耗(Wackernagel et al.,1999;Wackernagel et al.,1997)。生态生产性土地是指具有生态生产能力的土地或水域,被分为 6 大类:耕地、草地、森林、水域、化石能源用地和建筑用地(Wackernagel et al.,1996;Wackernagel et al.,1997)。其中,6 类生态生产性土地具体为(王洪波,2013):

(1) 耕地,即人类进行作物种植的土地类型,这是最具有生物生产能力的土地类型,人类消费的食物、动物饲料、纤维、油料等均来源于耕地;

(2) 草地,用来饲养牲畜以获得人类所需的肉类、皮毛和奶等消费项目;

(3) 森林,包括天然林和人工林,主要提供人类所需的木材、造纸用材以及保持水土、调节气候和吸收二氧化碳等;

(4) 水域,指人类开展渔业捕捞或从事渔业生产的水域面积,为人类提供鱼虾等水产品;

(5) 化石能源用地,指吸收化石能源燃烧过程中排放的二氧化碳所需的林地面积(此处并未包括化石能源及其产品排放的其他有毒气体,也未包括海洋所吸收的那部分二氧化碳);

(6) 建设用地,指因为人类提供住房、交通、工业和水电站等基础设施而占用的土地。由于建设用地一般都占用最肥沃的可耕地,因此建设用地的扩张能明显地造成生物生产量的降低。

Wackernagel 等(2002)阐述了计算生态足迹的假设条件,包含6条:人类社会中生产和消费的大部分资源和产生的废弃物是可以追踪的;消耗的资源和产生的废物能转换为相应的生态生产性土地面积;各类生态生产能力不同的土地能够折算成标准公顷——全球公顷,全球公顷的生态生产能力等于当年全球土地的平均生产力;假设这些土地的用途是互相排斥的,可以通过均衡调整进行加总;生态系统为人类提供的生态生产性空间可以以全球公顷为单位的生态生产性土地定量表示;生态足迹可以超越生态承载力。生态足迹的具体计算方法如下(Wackernagel et al.,1999):

$$EF = N \times ef = N \sum r_j (P_i + I_i + E_i)/(Y_i \times N), (j=1,2,\cdots,6; i=1,2,\cdots,n) \quad (4-11)$$

其中,EF 为总生态足迹,ef 为人均生态足迹,N 为人口数目,j 为6类生态生产性土地类型,i 为消费商品的类别,r_j 为均衡因子,P_i 为资源生产量,E_i 为资源出口量,I_i 为资源进口量,Y_i 为第 i 种消费商品的全球平均产量。

生态足迹概念自提出以来,得到了学者们的广泛关注和应用,并被在多方面进行了改进和应用。而本章基于王洪波(2013)的研究,基于生产生态足迹(EF_1)消费生态足迹(EF_2)、污染生态足迹(EF_3)和水资源生态足迹(EF_4)对生态足迹进行计算,具体计算方法如下所示:

$$EF = N \times ef = EF_1 + EF_2 + EF_3 + EF_4 \quad (4-12)$$

其中,总生态足迹单位为公顷,人均生态足迹单位为公顷/每人。四种类型的生态足迹计算方法如下:

$$EF_1 = \sum_{k=1}^{4} \gamma_k \sum_{i=1}^{n} P_{ki}/Y_{ki} \quad (4-13)$$

其中,$k=1,2,3,4$,分别表示耕地、林地、草地、水域;γ_k 表示第 k 类均衡因子,分别取值 3.908、0.095、0.671、0.048;n 表示第 k 类生物质种类;P_{ki} 表示第 k 类第 i 种生物质年产量(千克);Y_{ki} 表示第 k 类第 i 种生物质全国平均生产力(千克/公顷)。

$$EF_2 = \gamma_b \sum_{j=1}^{m} C_j/Y_j + \gamma_c \cdot A_c/Y_c \quad (4-14)$$

其中,γ_b 表示化石能源均衡因子,取值为 0.191;m 表示化石能源种类;C_j 表示第 j 种化石能源年消费量(吨);Y_j 表示第 j 种能源全国平均生产力(吨/公顷),γ_c 表示建筑用地均衡因子,取值为 3.908;A_c 表示电能年消费量(千瓦时);Y_c 表示电能全国平均生产力(千瓦时/公顷)。

$$EF_3 = \sum_{d=1}^{q} \gamma_d Q_d / Y_d \qquad (4-15)$$

其中,r_d 表示污染物均衡因子;$d=1,2,3$,分别表示水污染、大气污染、固体废弃物污染,分别取值 0.048、0.365、3.908;Q_d 表示污染物排放量(吨);Y_d 表示各类土地对污染物的吸收能力(吨/公顷)。

$$EF_4 = \gamma_e W_e / P_e \qquad (4-16)$$

其中,r_e 表示水资源均衡因子,取值 5.19;W_e 表示水资源消费量(立方米);P_e 表示水资源全国平均生产能力(立方米/公顷)。

4.2 绿色发展的现状实证分析

本节根据上面生态足迹、人类发展指数和生态福利绩效计算公式,对中国"十五""十一五"和"十二五"期间(即 2001—2015 年)区域自然消耗水平、人类福利水平和绿色发展水平进行实证分析。实证分析数据主要来源于 2002—2016 年的各个区域的统计年鉴和教育统计公报、《中国统计年鉴》、《中国农业统计年鉴》和《中国林业统计年鉴》等,而预期寿命数据是通过线性插值法得到的。

4.2.1 自然消耗水平

根据生态足迹计算公式,可以得到 2001—2015 年中国 31 个区域的自然消耗水平,具体结果如表 4-3、表 4-4 和表 4-5 所示。由上述三个表可知:在 2001 年中国 31 个地区中,自然消耗水平最高的三个地区依次为海南、西藏和新疆,而自然消耗水平最低的三个地区依次为广东、浙江和上海;在 2015 年,自然消耗水平最高三个的地区依次为内蒙古、海南和西藏,自然消耗水平最低的三个地区依次为上海、浙江和北京;而由 2001—2015 年自然消耗水平平均值计算可知,自然消耗水平最高的三个地区依次为海南、内蒙古和西藏,而自然消耗水平最低的三个地区依次为上海、浙江和广东。由此可见,在这 15 年期间,中国地区自然消耗水平具有不同程度的变化。而表 4-6 便是 2001—2015 年中国 31 个地区自然消耗水平年均增长率。由此表结果可知:在 31 个地区中,有 14 个地区的自然消耗水平年均增长率大于零,其中年均增长率最大的三个地区依次为内蒙古、湖北和贵州,而其余 17 个地区的自然消耗水平增长率小于零,其中年均增长率最小的三个地区依次为北京、上海和天津。

表 4-3 "十五"期间中国区域自然消耗水平

地区	年份				
	2001 年	2002 年	2003 年	2004 年	2005 年
北京	3.234 0	3.695 3	3.638 7	3.418 9	2.753 1
天津	3.553 7	3.928 8	4.000 8	3.851 7	3.669 6
河北	5.366 2	5.278 5	5.583 1	5.653 5	5.827 5
山西	2.433 9	2.466 9	2.496 1	2.406 5	2.400 0
内蒙古	7.894 9	8.209 8	10.451 7	12.736 9	14.687 8
辽宁	3.211 2	3.282 0	3.541 1	3.870 4	4.283 7
吉林	4.059 8	4.127 0	4.347 9	4.910 9	5.300 2
黑龙江	5.255 7	5.422 5	5.458 6	5.882 4	6.169 1
上海	1.855 3	1.637 4	1.405 4	1.022 9	0.987 3
江苏	2.459 9	2.415 0	2.333 4	2.181 9	2.120 6
浙江	1.812 2	1.756 2	1.699 0	1.598 1	1.532 6
安徽	2.873 6	2.912 6	2.866 2	2.874 1	2.836 1
福建	3.344 9	3.205 8	3.305 6	3.449 3	3.814 8
江西	3.149 4	3.820 9	3.246 0	3.946 6	3.900 4
山东	4.331 6	4.140 1	4.413 6	4.295 9	4.303 1
河南	4.418 1	4.431 3	4.433 0	4.549 2	4.781 0
湖北	2.594 9	2.436 3	3.354 9	3.082 2	3.520 4
湖南	3.865 2	3.899 2	3.939 6	4.264 7	5.259 4
广东	1.771 3	1.667 5	1.643 1	1.577 0	1.695 2
广西	4.689 6	4.479 4	4.409 9	4.767 1	5.207 9
海南	15.958 8	15.560 3	15.107 8	16.416 2	13.958 0
重庆	3.109 3	2.719 0	2.881 2	3.854 2	2.886 8
四川	3.045 2	3.314 8	3.294 8	3.166 5	2.971 1
贵州	4.008 9	3.821 7	3.620 2	3.636 9	3.624 3
云南	5.066 2	4.889 3	5.016 8	5.169 7	5.610 8
西藏	13.810 3	12.532 2	12.695 2	12.214 3	11.685 2

续表

地区	年份				
	2001年	2002年	2003年	2004年	2005年
陕西	3.5071	2.9986	3.2635	3.2281	3.0568
甘肃	2.4739	2.3988	2.4952	2.4376	2.5829
青海	7.4701	6.7898	6.4347	5.9062	5.7636
宁夏	5.8004	5.7975	6.0633	5.9561	6.0447
新疆	9.6104	9.4053	9.2002	9.4113	9.7045

表4-4 "十一五"期间中国区域自然消耗水平

地区	年份				
	2006年	2007年	2008年	2009年	2010年
北京	2.1795	1.6713	1.4073	1.3508	1.2238
天津	3.4390	2.5546	2.4130	2.3097	2.1595
河北	5.9178	4.7717	4.7506	4.4129	4.2459
山西	2.4203	2.0691	2.0250	2.1130	2.0427
内蒙古	15.7338	14.9225	15.1284	15.4222	15.3456
辽宁	4.3644	3.9381	4.0613	4.1038	4.2147
吉林	5.3035	4.6875	4.3240	4.3794	4.5216
黑龙江	5.9981	5.6880	5.7244	6.0754	6.2568
上海	0.8664	0.7647	0.7716	0.7416	0.7258
江苏	2.0960	1.7082	1.6759	1.7058	1.7262
浙江	1.4406	1.3047	1.3516	1.2501	1.1966
安徽	2.8759	2.5355	2.4367	2.4652	2.5171
福建	3.2816	3.1903	3.0360	2.9550	2.9573
江西	3.8969	3.7274	3.3237	3.4613	3.1523
山东	4.2163	3.6631	3.6323	3.6202	3.5820
河南	5.0817	4.2233	4.3898	4.3830	4.6625
湖北	3.2328	3.8319	4.0844	4.1432	4.2224
湖南	5.8734	4.0672	4.1259	4.3479	4.1232
广东	1.5266	1.4592	1.3517	1.4300	1.4869

续表

地区	年份				
	2006 年	2007 年	2008 年	2009 年	2010 年
广西	5.278 8	5.291 3	5.538 6	5.362 0	5.704 0
海南	13.518 9	13.455 2	14.196 4	14.091 7	13.911 7
重庆	2.559 9	2.533 0	2.675 4	2.423 4	2.455 6
四川	3.083 3	2.890 1	2.838 2	2.790 1	2.760 9
贵州	3.539 5	3.329 2	3.449 3	3.328 0	3.254 3
云南	5.793 1	5.540 3	5.762 3	6.093 9	6.004 1
西藏	11.548 5	10.981 7	12.107 9	11.103 7	11.025 0
陕西	3.002 7	2.944 1	3.092 6	3.339 2	2.929 2
甘肃	2.752 2	2.606 8	2.677 8	2.702 5	2.742 5
青海	5.664 8	6.271 6	5.117 2	5.118 3	5.290 4
宁夏	6.212 0	5.835 8	6.143 2	6.188 2	6.308 5
新疆	10.116 5	8.792 6	7.308 4	6.968 9	7.121 6

表 4-5 "十二五"期间中国区域自然消耗水平

地区	年份				
	2011 年	2012 年	2013 年	2014 年	2015 年
北京	1.230 5	1.123 9	1.074 5	0.995 5	1.002 7
天津	2.143 6	1.906 4	1.825 4	1.779 0	1.761 2
河北	4.689 3	4.125 7	4.159 1	4.156 9	4.552 2
山西	2.444 6	2.029 2	2.258 5	2.321 9	2.268 2
内蒙古	16.042 1	14.829 1	14.305 1	14.133 8	14.125 7
辽宁	4.772 0	4.154 5	4.200 3	4.117 1	4.093 3
吉林	5.773 3	4.497 8	4.561 2	4.552 8	4.549 1
黑龙江	7.469 6	6.040 8	5.910 5	5.978 8	6.040 5
上海	0.785 8	0.707 1	0.683 9	0.639 4	0.619 3
江苏	2.192 2	1.707 4	1.735 7	1.709 0	1.690 7
浙江	1.328 7	1.121 7	1.078 9	1.028 8	0.963 0
安徽	3.046 7	2.550 9	2.573 2	2.575 4	2.557 9

续表

地区	年份				
	2011年	2012年	2013年	2014年	2015年
福建	2.742 9	2.629 1	2.639 8	2.710 0	2.686 5
江西	4.196 9	3.361 9	3.318 5	3.239 4	3.257 6
山东	4.071 6	3.575 7	3.605 1	3.531 5	3.535 6
河南	5.271 9	4.388 6	4.426 4	4.407 4	4.352 3
湖北	4.705 7	3.781 5	3.811 5	3.937 4	3.571 9
湖南	4.342 9	3.902 5	3.850 7	3.870 4	3.659 9
广东	1.565 9	1.364 9	1.406 3	1.386 3	1.525 8
广西	6.076 9	5.793 3	6.037 2	6.111 9	6.092 2
海南	13.979 6	13.550 4	13.528 2	12.789 6	12.250 1
重庆	2.706 8	3.813 9	3.714 4	2.374 6	2.283 8
四川	3.113 5	2.579 3	2.621 3	2.619 5	2.594 2
贵州	3.888 6	3.669 4	3.791 5	5.026 2	5.322 3
云南	6.230 6	5.831 2	5.834 1	5.861 2	5.905 7
西藏	11.550 5	10.823 1	10.435 5	9.705 2	9.413 3
陕西	3.414 0	3.147 5	3.593 6	3.296 9	3.406 1
甘肃	3.120 5	2.792 9	2.946 7	3.008 2	2.963 6
青海	5.538 3	5.540 9	5.627 0	5.598 5	5.473 2
宁夏	7.358 8	6.835 4	7.304 9	7.840 8	7.745 0
新疆	7.685 7	7.146 7	7.355 9	7.612 9	7.340 2

表 4-6 2001—2015 年中国区域自然消耗水平年均增长率

地区	年均增长率/%	地区	年均增长率/%
北京	−7.520 7	山西	−0.115 7
上海	−7.170 8	陕西	0.209 7
天津	−4.570 5	河南	0.222 3
浙江	−4.243 5	湖南	0.357 4
西藏	−2.572 7	云南	1.179 0
江苏	−2.082 0	江西	1.197 2

续表

地区	年均增长率/%	地区	年均增长率/%
青海	−1.960 6	黑龙江	1.327 0
海南	−1.733 3	吉林	1.417 0
新疆	−1.666 7	甘肃	1.459 0
福建	−1.391 8	广西	1.983 6
山东	−1.235 3	辽宁	1.992 6
四川	−0.902 5	宁夏	2.244 9
河北	−0.856 3	贵州	2.529 0
广东	−0.832 7	湖北	3.186 0
安徽	−0.520 8	内蒙古	4.675 5
重庆	−0.294 3	—	—

下面我们分析 31 个区域在"十五""十一五""十二五"三个不同时期的自然消耗水平差异,结果如图 4-2 所示。由该图可以发现:在三个不同时期,不同地区的自然消耗水平具有显著的差异,如北京、天津和河北等地区在三个不同时期随着时间推移自然消耗水平在逐步降低,而湖北和甘肃等地区自然消耗水平反而在逐步提高。同时可以发现,自然消耗水平高的地区的经济发展水平不是很高。其主要将资源优势转化为经济成果,进而造成该地区自然消耗增加,造成生态环境恶化。

关于区域自然消耗水平,接下来我们将地区分为东部、中部和西部进行比较分析,其中东部地区包含北京、天津、河北、辽宁、上海、江苏、浙江、福建、山东、广东和海南;中部地区包括山西、吉林、黑龙江、安徽、江西、河南、湖北和湖南;西部地区包括四川、重庆、贵州、云南、西藏、陕西、甘肃、青海、宁夏、新疆、广西和内蒙古。根据区域自然消耗水平计算结果,可进一步得到 2001—2015 年东部、中部和西部地区自然消耗水平分别为 3.689 3、3.940 5 和 6.021 0。由此可见,西部地区自然消耗水平最高,东部地区自然消耗水平最低。而图 4-3 揭示了 2001—2015 年东部、中部和西部地区自然消耗水平变化趋势,其中东部地区自然消耗水平总体呈下降趋势,而中部和西部地区总体上呈现先上升后下降并趋于平稳的趋势。在 2005 年以后,西部地区自然消耗水平最高,其次为中部地区。这意味着西部地区的生态环境压力日趋增加。造成东部、中部和西部地

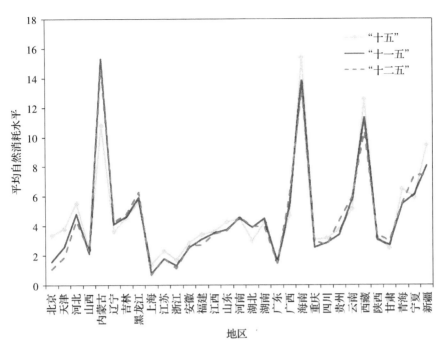

图 4-2 三个不同时期区域平均自然消耗水平

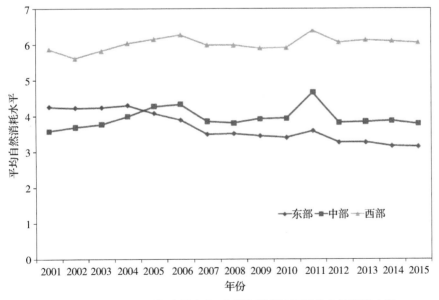

图 4-3 2001—2015 年中国东部、中部和西部地区平均自然消耗水平

区自然消耗水平差异的主要原因是：相比中部和西部地区，东部地区经济发展水平较快，带动了科技创新，使得经济发展方式向节约型转变。一方面，中部和西部地区的优势产业以资源密集型为主，对自然资源消耗较大。另一方面，受限于科技水平，自然资源利用率不高，造成中部和西部自然消耗水平较高。此外，在西部大开发战略下，为了促进经济增长，人们对自然资源进行了大量开发，恶化了生态环境。

4.2.2 人类福利水平

根据人类发展指数计算公式，可以得到2001—2015年中国31个区域的人类福利水平，如表4-7、表4-8和表4-9所示。由此可见：在2001年，人类福利水平最高的三个地区依次为上海、北京和天津，分别为0.709 0、0.708 1和0.667 2，而人类福利水平最低的三个地区依次为贵州、西藏和云南，分别为0.436 3、0.479 3和0.483 9；在2015年，人类福利水平最高的三个地区依次为北京、天津和上海，分别为0.849 0、0.831 5和0.824 9，人类福利水平最低的三个地区依次为西藏、云南和贵州，分别为0.655 1、0.667 9和0.681 5。经过15年的发展，人类福利水平最高的和最低的三个地区均没变，但人类福利水平均得到显著提升。表4-10是2001—2015年中国31个地区人类福利水平年均增长率，由此表可知：人类福利水平年均增长率最高的地区是贵州，其年均增长率为3.244 4%；而人类福利水平年均增长率最低的地区是上海，其年均增长率为1.087 7%。三个不同时期的区域人类福利水平增长率如图4-4所示，可见：在三个不同时期，增长率最高的地区均是贵州；而在"十五"和"十一五"期间，增长率最低的地区是上海；在"十二五"期间，增长率最低的地区是山西；相比"十五"和"十一五"期间，所有地区在"十二五"期间的人类福利水平增长率均放缓。

表4-7 "十五"期间中国区域人类福利水平

地区	年份				
	2001年	2002年	2003年	2004年	2005年
北京	0.708 1	0.718 8	0.729 6	0.744 6	0.754 3
天津	0.667 2	0.677 5	0.692 4	0.710 2	0.723 4
河北	0.567 3	0.577 6	0.593 8	0.610 2	0.621 5

续表

地区	年份				
	2001 年	2002 年	2003 年	2004 年	2005 年
山西	0.541 9	0.558 2	0.575 9	0.594 9	0.609 9
内蒙古	0.564 1	0.576 5	0.594 8	0.617 5	0.639 0
辽宁	0.606 9	0.617 3	0.631 2	0.639 2	0.653 1
吉林	0.573 7	0.584 7	0.596 6	0.611 1	0.627 8
黑龙江	0.580 2	0.588 3	0.599 6	0.613 9	0.627 8
上海	0.709 0	0.716 9	0.730 0	0.741 2	0.746 6
江苏	0.609 7	0.620 3	0.634 9	0.649 0	0.666 7
浙江	0.625 5	0.637 6	0.652 3	0.668 3	0.672 2
安徽	0.521 2	0.532 6	0.549 3	0.565 8	0.575 8
福建	0.598 9	0.607 5	0.618 2	0.630 4	0.639 1
江西	0.511 0	0.528 5	0.549 7	0.566 6	0.576 7
山东	0.598 0	0.607 6	0.620 4	0.637 5	0.650 0
河南	0.534 2	0.542 4	0.553 6	0.574 9	0.594 6
湖北	0.545 6	0.555 8	0.570 6	0.585 3	0.595 6
湖南	0.535 1	0.544 9	0.558 6	0.576 8	0.594 9
广东	0.613 7	0.622 5	0.633 7	0.647 2	0.662 5
广西	0.512 7	0.524 4	0.537 1	0.558 1	0.572 4
海南	0.552 3	0.564 1	0.577 2	0.590 5	0.598 5
重庆	0.551 5	0.564 9	0.579 5	0.593 0	0.606 2
四川	0.523 1	0.534 1	0.545 9	0.564 0	0.572 8
贵州	0.436 3	0.449 4	0.468 2	0.485 2	0.505 1
云南	0.483 9	0.490 7	0.498 0	0.521 1	0.529 1
西藏	0.479 3	0.493 1	0.505 2	0.519 3	0.526 9
陕西	0.525 7	0.540 9	0.560 4	0.580 3	0.596 8
甘肃	0.492 2	0.504 1	0.520 6	0.541 1	0.551 0
青海	0.513 6	0.527 7	0.544 3	0.559 5	0.574 9
宁夏	0.536 4	0.546 5	0.560 9	0.579 3	0.588 8
新疆	0.551 9	0.559 3	0.572 3	0.587 3	0.597 8

表 4-8 "十一五"期间中国区域人类福利水平

地区	年份				
	2006年	2007年	2008年	2009年	2010年
北京	0.7680	0.7816	0.7906	0.7967	0.8094
天津	0.7346	0.7484	0.7669	0.7741	0.7899
河北	0.6325	0.6486	0.6670	0.6739	0.6878
山西	0.6280	0.6465	0.6668	0.6698	0.6861
内蒙古	0.6560	0.6783	0.7022	0.7131	0.7325
辽宁	0.6670	0.6831	0.7034	0.7127	0.7290
吉林	0.6526	0.6662	0.6876	0.6967	0.7141
黑龙江	0.6393	0.6548	0.6724	0.6773	0.6952
上海	0.7591	0.7691	0.7807	0.7850	0.7913
江苏	0.6792	0.6951	0.7116	0.7193	0.7367
浙江	0.6883	0.7022	0.7172	0.7231	0.7386
安徽	0.5915	0.6096	0.6307	0.6427	0.6645
福建	0.6539	0.6700	0.6888	0.7015	0.7162
江西	0.5935	0.6171	0.6373	0.6470	0.6680
山东	0.6652	0.6800	0.6979	0.7048	0.7190
河南	0.6091	0.6281	0.6483	0.6547	0.6716
湖北	0.6174	0.6357	0.6567	0.6669	0.6883
湖南	0.6099	0.6318	0.6534	0.6628	0.6813
广东	0.6742	0.6900	0.7051	0.7101	0.7245
广西	0.5911	0.6102	0.6297	0.6386	0.6635
海南	0.6129	0.6311	0.6505	0.6583	0.6787
重庆	0.6183	0.6355	0.6573	0.6680	0.6898
四川	0.5911	0.6112	0.6317	0.6424	0.6632
贵州	0.5234	0.5484	0.5748	0.5848	0.6072
云南	0.5438	0.5622	0.5810	0.5887	0.6073
西藏	0.5423	0.5569	0.5746	0.5834	0.6002
陕西	0.6164	0.6360	0.6607	0.6702	0.6921

续表

地区	年份				
	2006 年	2007 年	2008 年	2009 年	2010 年
甘肃	0.567 8	0.587 1	0.606 2	0.613 4	0.635 7
青海	0.588 3	0.608 0	0.630 4	0.636 4	0.655 9
宁夏	0.604 4	0.625 8	0.650 8	0.660 9	0.679 2
新疆	0.610 6	0.624 8	0.643 6	0.646 6	0.671 0

表 4-9 "十二五"期间中国区域人类福利水平

地区	年份				
	2011 年	2012 年	2013 年	2014 年	2015 年
北京	0.822 4	0.832 7	0.838 1	0.837 3	0.849 0
天津	0.806 1	0.816 3	0.822 4	0.826 7	0.831 5
河北	0.705 9	0.714 3	0.720 7	0.729 5	0.728 4
山西	0.705 3	0.710 5	0.715 6	0.723 2	0.724 1
内蒙古	0.752 4	0.760 8	0.762 4	0.768 7	0.775 1
辽宁	0.745 8	0.761 1	0.770 4	0.775 9	0.773 0
吉林	0.730 6	0.743 4	0.752 0	0.755 6	0.757 3
黑龙江	0.713 2	0.721 7	0.725 3	0.743 4	0.735 1
上海	0.798 9	0.806 6	0.811 8	0.819 3	0.824 9
江苏	0.753 9	0.763 9	0.769 7	0.778 2	0.783 2
浙江	0.754 3	0.765 5	0.773 6	0.774 5	0.776 2
安徽	0.685 7	0.700 0	0.702 7	0.719 5	0.721 7
福建	0.732 8	0.738 5	0.747 8	0.760 0	0.761 5
江西	0.687 8	0.696 9	0.708 4	0.713 0	0.708 1
山东	0.734 8	0.744 4	0.752 1	0.759 4	0.764 0
河南	0.688 7	0.697 1	0.703 7	0.722 5	0.715 7
湖北	0.712 0	0.730 1	0.740 8	0.748 3	0.752 7
湖南	0.701 0	0.708 9	0.720 3	0.727 8	0.733 7
广东	0.739 9	0.745 0	0.750 1	0.759 1	0.763 7
广西	0.684 0	0.689 7	0.699 8	0.710 1	0.710 7

续表

地区	年份				
	2011 年	2012 年	2013 年	2014 年	2015 年
海南	0.698 3	0.712 9	0.722 8	0.730 3	0.732 8
重庆	0.714 0	0.724 2	0.733 2	0.746 8	0.747 8
四川	0.683 6	0.697 7	0.705 6	0.713 8	0.714 9
贵州	0.632 8	0.651 9	0.669 0	0.682 1	0.681 5
云南	0.629 5	0.644 6	0.656 2	0.664 8	0.667 9
西藏	0.619 1	0.627 7	0.637 6	0.646 6	0.655 1
陕西	0.713 8	0.727 9	0.740 5	0.749 3	0.752 0
甘肃	0.658 1	0.670 3	0.677 2	0.691 4	0.694 1
青海	0.674 9	0.684 1	0.698 6	0.707 6	0.702 3
宁夏	0.697 9	0.707 3	0.720 6	0.722 2	0.730 3
新疆	0.691 9	0.700 4	0.709 5	0.722 3	0.719 9

表 4-10 2001—2015 年中国区域人类福利水平年均增长率

地区	年均增长率/%	地区	年均增长率/%
贵州	3.244 4	山西	2.099 3
陕西	2.594 9	海南	2.043 4
甘肃	2.491 8	吉林	2.007 4
江西	2.366 8	新疆	1.921 2
广西	2.365 5	江苏	1.806 7
安徽	2.356 7	河北	1.804 2
云南	2.335 1	山东	1.767 2
湖北	2.330 1	辽宁	1.746 2
内蒙古	2.301 8	福建	1.733 4
湖南	2.284 9	黑龙江	1.709 5
青海	2.266 9	天津	1.587 2
四川	2.262 2	广东	1.576 0
西藏	2.259 8	浙江	1.556 7
宁夏	2.232 7	北京	1.306 2

续表

地区	年均增长率/%	地区	年均增长率/%
重庆	2.202 5	上海	1.087 7
河南	2.119 1	—	—

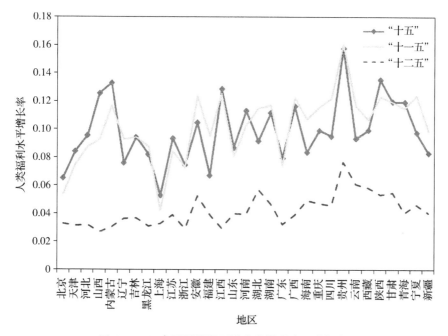

图4-4 三个不同期间区域人类福利水平增长率

针对区域人类福利水平，接下来我们将地区分为东部、中部和西部进行比较分析。根据区域人类福利水平计算结果，可进一步得到2001—2015年东部、中部和西部地区的人类福利水平分别为0.709 7、0.647 5和0.621 6。东部地区人类福利水平最高，中部地区次之。而图4-5揭示了2001—2015年东部、中部和西部地区人类福利水平变化趋势，其中东部、中部和西部地区人类福利水平均呈现上升趋势。从增长速度来看，东部地区的人类福利水平在15年间的平均增长率为25.562 4%，中部地区为34.808 5%；西部地区增速最高，为38.880 2%。这意味着15年来，在大开发政策下，西部地区居民的健康、知识和生活水平均得到了较大的提升。造成东部、中部和西部地区人类福利水平差异的主要原因是：相比中部和西部地区，东部地区对外开放程度高，经济发展起步比较早，发展速度比较快，而西部地区工业化水平较低，经济发展水平落后于东部地区;相比中部和西部地区,东部地区经济发展水平高,使得教育类设施和服务比较完善,教育水平高于中部和西部地区;东部地区居民享有较高水平的医疗卫生条件,而中部和西部地区特别是西部偏远的农村地区,医疗卫生条件比较差,使得中部和西部地区居民的健康水平较低。

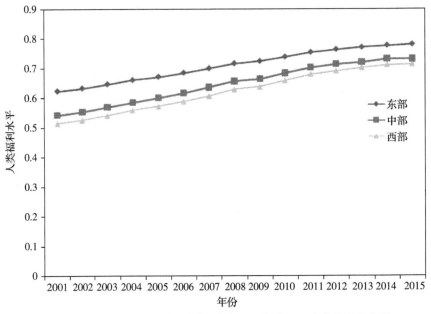

图 4-5　2001—2015 年中国东部、中部和西部地区平均人类福利水平

4.2.3　绿色发展水平

根据生态福利绩效计算公式,可以得到 2001—2015 年中国 31 个区域的绿色发展水平,具体结果如表 4-11、表 4-12 和表 4-13 所示。由上述三个表可知:在 2001 年,中国 31 个地区中,绿色发展水平最高的三个地区依次为上海、广东和浙江,相应的绿色发展水平分别为 0.236 7、0.214 6 和 0.213 8,而绿色发展水平最低的三个地区依次为海南、西藏和新疆,分别为 0.021 4、0.021 5 和 0.035 6;在 2015 年,绿色发展水平最高的三个地区依次为上海、北京和浙江,相应的绿色发展水平分别为 0.824 9、0.524 4 和 0.499 1,绿色发展水平最低的三个地区依次为内蒙古、海南和西藏,分别为 0.034 0、0.037 0 和 0.043 1。显然经过 15 年的发展,各地区的绿色发展水平均有不同程度的变化,如北京的绿色发展水平总体呈上升趋势,而内蒙古地区的绿色发展水平先呈现下降趋势,然

后逐步上升。表 4-14 是 2001—2015 年中国 31 个地区绿色发展水平年均增长率,由此表可知:除内蒙古地区之外,其余地区绿色发展水平年均增长率均为正数,其中绿色发展水平年均增长率最高的地区是北京,为 10.757 9%。

表 4-11 "十五"期间中国区域绿色发展水平

地区	年份				
	2001 年	2002 年	2003 年	2004 年	2005 年
北京	0.135 6	0.120 5	0.124 2	0.134 9	0.169 7
天津	0.116 3	0.106 8	0.107 2	0.114 2	0.122 1
河北	0.065 5	0.067 8	0.065 9	0.066 8	0.066 1
山西	0.137 9	0.140 1	0.142 9	0.153 1	0.157 4
内蒙古	0.044 2	0.043 5	0.035 2	0.030 0	0.026 9
辽宁	0.117 0	0.116 5	0.110 4	0.102 3	0.094 4
吉林	0.087 5	0.087 7	0.085 0	0.077 1	0.073 4
黑龙江	0.068 4	0.067 2	0.068 0	0.064 6	0.063 0
上海	0.236 7	0.271 2	0.321 7	0.448 7	0.468 3
江苏	0.153 5	0.159 1	0.168 5	0.184 2	0.194 7
浙江	0.213 8	0.224 8	0.237 8	0.259 0	0.271 6
安徽	0.112 3	0.113 2	0.118 7	0.121 9	0.125 7
福建	0.110 9	0.117 4	0.115 8	0.113 2	0.103 8
江西	0.100 5	0.085 7	0.104 9	0.088 9	0.091 6
山东	0.085 5	0.090 9	0.087 1	0.091 9	0.093 5
河南	0.074 9	0.075 8	0.077 3	0.078 3	0.077 0
湖北	0.130 2	0.141 3	0.105 3	0.117 6	0.104 8
湖南	0.085 7	0.086 5	0.087 8	0.083 8	0.070 0
广东	0.214 6	0.231 1	0.238 9	0.254 2	0.242 0
广西	0.067 7	0.072 5	0.075 4	0.072 5	0.068 1
海南	0.021 4	0.022 5	0.023 7	0.022 6	0.026 6
重庆	0.109 8	0.128 7	0.124 6	0.095 3	0.130 0
四川	0.106 4	0.099 8	0.102 6	0.110 3	0.119 4
贵州	0.067 4	0.072 8	0.080 1	0.082 6	0.086 3

续表

地区	年份				
	2001年	2002年	2003年	2004年	2005年
云南	0.0592	0.0622	0.0615	0.0624	0.0584
西藏	0.0215	0.0244	0.0246	0.0263	0.0279
陕西	0.0928	0.1117	0.1063	0.1113	0.1209
甘肃	0.1232	0.1302	0.1292	0.1375	0.1321
青海	0.0426	0.0481	0.0524	0.0587	0.0618
宁夏	0.0573	0.0584	0.0573	0.0602	0.0603
新疆	0.0356	0.0368	0.0385	0.0386	0.0381

表4–12 "十一五"期间中国区域绿色发展水平

地区	年份				
	2006年	2007年	2008年	2009年	2010年
北京	0.2182	0.2896	0.3479	0.3652	0.4096
天津	0.1323	0.1814	0.1968	0.2076	0.2265
河北	0.0662	0.0842	0.0869	0.0946	0.1003
山西	0.1607	0.1935	0.2039	0.1963	0.2080
内蒙古	0.0258	0.0281	0.0287	0.0286	0.0296
辽宁	0.0946	0.1074	0.1073	0.1075	0.1071
吉林	0.0762	0.0880	0.0985	0.0985	0.0978
黑龙江	0.0660	0.0713	0.0727	0.0690	0.0688
上海	0.5426	0.6228	0.6266	0.6556	0.6751
江苏	0.2007	0.2520	0.2629	0.2611	0.2643
浙江	0.2959	0.3333	0.3286	0.3582	0.3822
安徽	0.1274	0.1489	0.1603	0.1614	0.1635
福建	0.1234	0.1301	0.1405	0.1470	0.1500
江西	0.0943	0.1025	0.1187	0.1158	0.1312
山东	0.0977	0.1150	0.1197	0.1206	0.1243
河南	0.0742	0.0921	0.0915	0.0925	0.0892
湖北	0.1183	0.1027	0.0996	0.0997	0.1009

第四章 基于生态福利绩效的绿色发展测度研究

续表

地区	年份				
	2006年	2007年	2008年	2009年	2010年
湖南	0.064 3	0.096 2	0.098 1	0.094 4	0.102 3
广东	0.273 5	0.292 9	0.323 0	0.307 5	0.301 7
广西	0.069 4	0.071 4	0.070 4	0.073 8	0.072 0
海南	0.028 1	0.029 0	0.028 4	0.028 9	0.030 2
重庆	0.149 6	0.155 4	0.152 1	0.170 7	0.174 0
四川	0.118 7	0.131 0	0.137 8	0.142 6	0.148 8
贵州	0.091 6	0.102 0	0.103 2	0.108 8	0.115 6
云南	0.058 1	0.062 8	0.062 4	0.059 8	0.062 6
西藏	0.029 1	0.031 4	0.029 4	0.032 5	0.033 7
陕西	0.127 1	0.133 8	0.132 3	0.124 3	0.146 3
甘肃	0.127 8	0.139 5	0.140 2	0.140 6	0.143 5
青海	0.064 3	0.060 0	0.076 3	0.077 0	0.076 8
宁夏	0.060 2	0.066 4	0.065 6	0.066 1	0.066 7
新疆	0.037 4	0.044 0	0.054 5	0.057 5	0.058 4

表4-13 "十二五"期间中国区域绿色发展水平

地区	年份				
	2011年	2012年	2013年	2014年	2015年
北京	0.413 9	0.458 8	0.483 0	0.520 9	0.524 4
天津	0.232 9	0.265 2	0.279 0	0.287 8	0.292 4
河北	0.093 2	0.107 2	0.107 3	0.108 7	0.099 1
山西	0.178 7	0.216 8	0.196 2	0.192 9	0.197 7
内蒙古	0.029 0	0.031 8	0.033 0	0.033 7	0.034 0
辽宁	0.096 8	0.113 4	0.113 6	0.116 7	0.116 9
吉林	0.078 4	0.102 4	0.102 1	0.102 8	0.103 1
黑龙江	0.059 1	0.074 0	0.076 0	0.077 0	0.075 4
上海	0.629 6	0.706 4	0.735 1	0.793 5	0.824 9
江苏	0.213 0	0.277 1	0.274 6	0.282 0	0.286 9

续表

地区	年份				
	2011 年	2012 年	2013 年	2014 年	2015 年
浙江	0.351 6	0.422 6	0.444 1	0.466 2	0.499 1
安徽	0.139 4	0.170 0	0.169 1	0.173 0	0.174 7
福建	0.165 5	0.174 0	0.175 4	0.173 7	0.175 5
江西	0.101 5	0.128 4	0.132 2	0.136 3	0.134 6
山东	0.111 8	0.129 0	0.129 2	0.133 2	0.133 8
河南	0.080 9	0.098 4	0.098 5	0.101 5	0.101 8
湖北	0.093 7	0.119 6	0.120 4	0.117 7	0.130 5
湖南	0.100 0	0.112 5	0.115 8	0.116 4	0.124 2
广东	0.292 6	0.338 0	0.330 3	0.339 1	0.310 0
广西	0.069 7	0.073 7	0.071 8	0.071 9	0.072 2
海南	0.030 9	0.032 6	0.033 1	0.035 4	0.037 0
重庆	0.163 4	0.117 6	0.122 2	0.194 8	0.202 8
四川	0.136 0	0.167 5	0.166 7	0.168 8	0.170 7
贵州	0.100 8	0.110 0	0.109 3	0.084 0	0.079 3
云南	0.062 6	0.068 5	0.069 7	0.070 2	0.070 0
西藏	0.033 2	0.035 9	0.037 8	0.041 3	0.043 1
陕西	0.129 5	0.143 2	0.127 6	0.140 8	0.136 7
甘肃	0.130 6	0.148 6	0.142 3	0.142 3	0.145 0
青海	0.075 5	0.076 5	0.076 9	0.078 3	0.079 5
宁夏	0.058 7	0.064 1	0.061 1	0.057 0	0.058 4
新疆	0.055 7	0.060 7	0.059 7	0.058 8	0.060 7

表 4-14 2001—2015 年中国区域绿色发展水平年均增长率

地区	年均增长率/%	地区	年均增长率/%
北京	10.757 9	陕西	3.243 0
上海	9.809 8	江西	3.036 4
天津	7.205 5	山西	3.016 1
重庆	6.510 0	广东	2.905 7

续表

地区	年均增长率/%	地区	年均增长率/%
浙江	6.423 8	河南	2.571 7
西藏	5.211 4	吉林	1.787 5
江苏	5.164 2	贵州	1.636 0
青海	4.845 6	甘肃	1.331 6
新疆	4.164 0	云南	1.300 3
海南	4.118 3	黑龙江	1.025 6
四川	3.688 1	湖北	0.829 2
湖南	3.554 1	广西	0.537 9
福建	3.522 9	宁夏	0.295 4
安徽	3.522 3	辽宁	0.239 9
山东	3.466 3	内蒙古	-1.533 5
河北	3.356 7	—	—

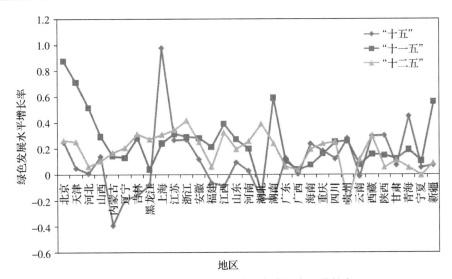

图 4-6 三个不同期间区域绿色发展水平增长率

三个不同时期的区域绿色发展水平增长率如图 4-6 所示,可见在"十五"期间,有 9 个地区的绿色发展水平在降低,分别是内蒙古、辽宁、吉林、黑龙江、福建、江西、湖北、湖南和云南,而增长速度最快的地区是上海;在"十一五"期间,仅湖北地区的绿色发展水平在降低,而增长速度最快的地区是北京;在"十二五"期间,仅贵州和宁夏地区的绿色发展水平在降低,而增长速度最快的地区是浙江。

对于区域绿色发展水平,接下来我们将地区分为东部、中部和西部进行比较分析。根据区域绿色发展水平计算结果,可进一步得到2001—2015年东部、中部和西部地区绿色发展平均水平分别为0.2186、0.1114和0.0844。东部地区绿色发展水平最高,中部地区次之。图4-7揭示了2001—2015年东部、中部和西部地区绿色发展水平变化趋势。由图4-7可知,东部、中部和西部地区绿色发展水平均呈现上升趋势,其中东部地区增长幅度比较显著,中部和西部地区增长幅度比较平缓。根据前面对东部、中部和西部地区的自然消耗水平和人类福利水平的分析可知,造成东部、中部和西部地区绿色发展水平差异的原因是:东部地区人类福利水平最高,而自然消耗水平最低;西部地区人类福利水平最低,但自然消耗水平最高。

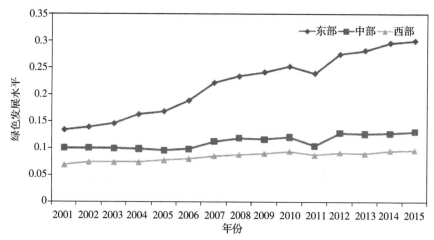

图4-7 2001—2015年中国东部、中部和西部地区平均绿色发展水平

4.3 绿色发展的影响因素分析

4.3.1 影响因素分解方法

在马克思自然资源理论中,马克思指出:"只有一个人一开始就以所有者的

身份来对待自然界这个一切劳动资料和劳动对象的第一源泉,把自然界当作属于他的东西来处置,他的劳动才成为使用价值的源泉,因而也成为财富的源泉。"人类进行社会生产,除了要有人的劳动力这一要素之外,还需要具备劳动对象和劳动资料两个要素。前者是生产过程中的主观要素,后者是生产过程中的客观要素。最早进入人类生产过程中的客观要素就是自然资源,即进入社会生产过程的外界自然条件(朱解放,2014)。

由马克思自然资源理论可知,自然资源是绿色发展不可缺少的要素。而绿色发展最终的目的不是一味地通过自然消耗追求经济增长,而是不断地提高人类福利水平。因此,绿色发展过程涉及自然消耗的经济绩效和经济产出的福利绩效,其中前者是指单位自然消耗带来的 GDP 增加,而后者是指单位 GDP 增加带来的福利水平增加。因此,绿色发展水平的变化包含着自然消耗的经济绩效和经济产出的福利绩效的作用。对此,本书将绿色发展水平变化称为总效应,将自然消耗的经济绩效的变化对总效应的贡献称为技术效应,而将经济产出的福利绩效的变化对总效应的贡献称为服务效应。

定量研究影响因素通常采用因素分解方法。该方法将研究对象分解成若干个相关因子,通过计算每个因子对因变量变动的贡献,量化分析不同因子的影响程度。分解技术包含两大类:结构分解技术和指数分解技术(Hoekstra et al.,2003)。其中,结构分解技术需要借助于投入产出表,而投入产出表使用的条件相当苛刻。指数分解法相比结构分解法优势在于能很便捷地运用于任何水平的总和数据中,因此本书采用指数分解法研究绿色发展的影响因素。指数分解法分为拉氏指数分解法和迪氏指数分解法,其中迪氏指数分解法具有以下优点(Ang,2004):因素分解结果没有不可解释的残差项;用乘法分解的结果具有加法特性;乘法分解和加法分解所得到的结果可相互转化;分部门效应之和与总效应一致。因此,本书采用对数平均迪氏指数分解法对绿色发展的总体效应进行因素分解分析。

本书的生态福利绩效(WPE)基本公式可以表示为:

$$WPE = \frac{GDPPC^*}{EF^*} \times \frac{HDI}{GDPPC^*} = EPEC \times WPEO \qquad (4-17)$$

其中,$GDPPC$、$EPEC(GDPPC^*/EF^*)$ 与 $WPEO(HDI/GDPPC^*)$ 分别表示区域的人均 GDP、自然消耗的经济绩效和经济产出的福利绩效。由于人类发展指数是无量纲的,在计算过程中对 EF 和 $GDPPC$ 均采用极大化方法进行无量纲处理。在公式(4-17)中，* 表示无量纲化后的变量。根据 LMDI 分解模型，本书将从 t_1 年到 t_2 年的区域生态福利绩效变化称为总效应 WPE_{effect}，将自然消耗的经济绩效 EPEC 的变化对总效应的贡献称为技术效应 T_{effect}，而将经济产出的福利绩效 WPEO 的变化对总效应的贡献称为服务效应 S_{effect}。总效应、技术效应和服务效应的计算方法如下：

$$WPE_{effect} = WPE_{t_2} - WPE_{t_1} = T_{effect} + S_{effect} \quad (4-18)$$

$$T_{effect} = \frac{WPE_{t_2} - WPE_{t_1}}{\ln(WPE_{t_2}) - \ln(WPE_{t_1})} \times \ln\left(\frac{EPEC_{t_2}}{EPEC_{t_1}}\right) \quad (4-19)$$

$$S_{effect} = \frac{WPE_{t_2} - WPE_{t_1}}{\ln(WPE_{t_2}) - \ln(WPE_{t_1})} \times \ln\left(\frac{WPEO_{t_2}}{WPEO_{t_1}}\right) \quad (4-20)$$

4.3.2 影响因素分解结果

表 4-15 中国区域绿色发展的总效应、技术效应和服务效应

地区	总效应	技术效应	服务效应
北京	0.388 8	0.808 3	-0.419 5
天津	0.176 1	0.470 9	-0.294 8
河北	0.033 6	0.141 0	-0.107 4
山西	0.059 8	0.320 0	-0.260 2
内蒙古	-0.010 2	0.070 4	-0.080 6
辽宁	-0.000 1	0.170 0	-0.170 1
吉林	0.015 6	0.170 9	-0.155 3
黑龙江	0.007 0	0.093 7	-0.086 7
上海	0.588 2	1.107 8	-0.519 6
江苏	0.133 4	0.488 9	-0.355 5
浙江	0.285 3	0.781 9	-0.496 6
安徽	0.062 4	0.284 4	-0.222 0
福建	0.064 6	0.270 3	-0.205 7
江西	0.034 1	0.224 0	-0.189 9
山东	0.048 3	0.217 4	-0.169 1
河南	0.026 9	0.166 9	-0.140 0

续表

地区	总效应	技术效应	服务效应
湖北	0.000 3	0.194 7	−0.194 4
湖南	0.038 5	0.208 4	−0.169 9
广东	0.095 4	0.481 1	−0.385 7
广西	0.004 5	0.122 8	−0.118 3
海南	0.015 6	0.058 2	−0.042 6
重庆	0.093 0	0.369 8	−0.276 8
四川	0.064 3	0.281 5	−0.217 2
贵州	0.011 9	0.150 8	−0.138 9
云南	0.010 8	0.104 9	−0.094 1
西藏	0.021 6	0.067 7	−0.046 1
陕西	0.043 9	0.257 4	−0.213 5
甘肃	0.021 8	0.218 7	−0.196 9
青海	0.036 9	0.134 7	−0.097 8
宁夏	0.001 1	0.105 2	−0.104 1
新疆	0.025 1	0.088 3	−0.063 2

2001—2015年中国31个地区绿色发展的因素分解计算结果如表4-15所示,从中可看出:仅有内蒙古和辽宁两个地区的总效应在减少,所有地区的技术效应都为正值,而所有地区的服务效应都为负值。该结果说明,在中国区域绿色发展中,技术效应起到了驱动作用,而服务效应起到抑制作用;在总效应变化为负值的地区中,服务效应的抑制作用大于技术效应的驱动作用。这也反映了中国社会经济发展的实际情况。虽然中国经济在改革开放后取得了高速的增长,但经济增长带来了一系列环境污染等社会问题,使得中国人类福利水平并没有与经济增长进行等比例的提升。此外,中国31个地区中技术效应驱动作用最大的是上海,而服务效应抑制作用最大的也是上海。

4.4 绿色发展的脱钩现状分析

4.4.1 脱钩分析方法

脱钩原意指火车车厢的挂钩脱落,后来被引申为事物联系的中断现象。在物理学领域中,脱钩是指两个物理变量之间由相关到独立的发展过程。脱钩理论于1966年被正式引入社会经济领域,其与减物质化或去污染化理论的本质相近,指经济活动对环境的冲击逐步减少的过程。它们的目的都是破解经济发展与环境危害的难题,最终实现经济增长与生态环境之间的双赢(于洋,2014)。

目前,脱钩研究方法主要有两种:一种是 OECD 提出的基于脱钩指数和脱钩因子的脱钩理论,该脱钩模型是基于期初值和期末值的脱钩模型,用于分析经济财富增长与资源环境恶化之间是否存在联系,或者分析资源消耗与经济增长的变化速度是否同步,进而判断是否脱钩(Ruffing,2007)。另一种是 Tapio 提出的基于增长弹性变化的脱钩模型(Tapio,2005),该模型基于 OECD 脱钩模型。但 Tapio 脱钩模型将相对量变化和总量变化两个指标进行综合考虑,采用以时期为时间尺度的弹性分析方法反映变量间的脱钩关系,克服了 OECD 脱钩模型在基期选择上的困境,进一步提高了脱钩测度的客观性和准确性(苑清敏 等,2014)。因此,本书基于 Tapio 脱钩模型研究中国区域的人类福利与自然消耗之间的脱钩关系,具体的脱钩弹性计算如下:

$$\varepsilon = HDI/\Delta HDI \times \Delta EF/EF \qquad (4-21)$$

其中,ε 表示人类福利与自然消耗的脱钩弹性,ΔEF 和 ΔHDI 分别表示自然消耗和人类福利水平变化量。根据 Tapio 脱钩模型划分标准,可将人类福利与自然消耗的脱钩划分为8种状态,具体见表4-16。

表4-16 人类福利与自然消耗之间的脱钩状态划分

脱钩状态	ΔEF	ΔHDI	ε
扩张负脱钩	>0	>0	$\varepsilon > 1.2$
强负脱钩	>0	<0	$\varepsilon < 0$
弱负脱钩	<0	<0	$0 < \varepsilon < 0.8$
弱脱钩	>0	>0	$0 < \varepsilon < 0.8$

续表

脱钩状态	ΔEF	ΔHDI	ε
强脱钩	<0	>0	ε<0
衰退脱钩	<0	<0	ε>1.2
增长连接	>0	>0	0.8<ε<1.2
衰退连接	<0	<0	0.8<ε<1.2

表4-16中各种脱钩状态的含义：扩张负脱钩表示人类福利水平增加，自然消耗增加，自然消耗增加速度大于人类福利水平增加速度；强负脱钩表示人类福利水平在下降，自然消耗在增加；弱负脱钩表示人类福利水平增长率为负，自然消耗下降，自然消耗下降速度小于人类福利水平下降速度；弱脱钩表示人类福利水平增加，自然消耗增加，自然消耗增加速度小于人类福利水平增加速度；强脱钩表示人类福利水平增加的同时，自然消耗在下降；衰退脱钩表示人类福利水平增长率为负，自然消耗下降，但自然消耗下降速度大于人类福利水平下降速度；增长连接表示人类福利水平增加，自然消耗增加，自然消耗增加速度大于或相当于人类福利水平增长率；衰退连接表示人类福利水平负增长，自然消耗下降，自然消耗下降速度小于或相当于人类福利水平下降速度。

4.4.2 脱钩结果分析

根据前面人均生态足迹和人类发展指数计算结果，利用公式（4-21）可计算出2001—2005年、2006—2010年和2011—2015年31个地区的脱钩弹性，具体见表4-17、表4-18和表4-19。从这三个表可知："十五"期间，31个地区的人类福利水平为正增长，其中有15个地区的自然消耗为负增长，而16个自然消耗为正增长的地区中有9个地区的自然消耗增长速度快于人类福利水平增长速度；"十一五"期间，31个地区的人类福利水平为正增长，其中有25个地区的自然消耗为负增长，而6个自然消耗为正增长的地区中仅有1个地区的自然消耗增长速度快于人类福利水平增长速度；"十二五"期间，31个地区的人类福利水平为正增长，其中有28个地区的自然消耗为负增长，而3个自然消耗为正增长的地区中有2个地区的自然消耗增长速度快于人类福利水平增长速度。因此，三个时期的人类福利水平均在增加，而自然消耗减少的地区数目也在增加，这说明中国区域脱钩关系呈现良好的趋势。

下面具体从时间、空间和时空耦合三个角度对实证结果进行分析。

（1）时间分析。"十五"期间：31个地区中有15个地区脱钩状态为强脱钩，它们是北京、山西、上海、江苏、浙江、安徽、山东、广东、海南、重庆、四川、贵州、西藏、陕西和青海；有8个地区为扩张负脱钩，它们是内蒙古、辽宁、吉林、黑龙江、福建、江西、湖北和湖南；有5个地区为弱脱钩，它们是天津、河南、甘肃、宁夏和新疆；有3个地区为增长连接，它们是河北、广西和云南。"十一五"期间：31个地区中有5个地区脱钩状态为弱脱钩，它们是黑龙江、广西、海南、云南和宁夏；有1个地区为扩张负脱钩，它是湖北；而其余25个地区均为强脱钩。"十二五"期间：广西、贵州和宁夏的脱钩状态分别为弱脱钩、扩张负脱钩和增长连接，而其余28个地区为强脱钩。可见，上述三个时期，31个地区中强脱钩地区的数目在逐步增加。导致此结果的原因是相比前一时期，自然消耗在减少的地区数目在增加。

（2）空间分析。在东部地区中，"十五"期间，强脱钩地区有7个，扩张负脱钩地区有2个，弱脱钩地区和增长连接地区各有1个；"十一五"期间，强脱钩地区有10个，弱脱钩地区有1个；"十二五"期间，11个地区均为强脱钩地区。在中部地区中，"十五"期间，扩张负脱钩地区有5个，强脱钩地区有2个，弱脱钩地区有1个；"十一五"期间，强脱钩地区有6个，弱脱钩地区和扩张负脱钩地区各有1个；"十二五"期间，8个地区均为强脱钩地区。在西部地区中，"十五"期间，强脱钩地区有6个，弱脱钩地区有3个，增长连接地区有2个，扩张负脱钩地区有1个；"十一五"期间，强脱钩地区有9个，其余3个地区为弱脱钩地区；"十二五"期间，9个地区为强脱钩地区，弱脱钩地区、增长连接地区和扩张负脱钩地区各有1个。可见，东部地区和中部地区的脱钩状态比西部地区好。

（3）时空耦合分析。在"十五"期间，中国有15个地区为强脱钩，其中东部、中部和西部地区占有的数目分别为7、2和6；有8个地区为扩张负脱钩，其中东部、中部和西部地区占有的数目分别为2、5和1；有5个地区为弱脱钩，其中东部、中部和西部地区占有的数目分别为1、1和3；有3个地区为增长连接，其中东部地区1个，西部地区2个。在"十一五"期间，中国有25个地区为强脱钩，其中东部、中部和西部地区占有的数目分别为10、6和9；有5个地区为弱脱钩，其中东部、中部和西部地区占有的数目分别为1、1和3；有1个扩张负脱钩地区在中部。在"十二五"期间，中国有28个地区为强脱钩，其中东部、中部和西部地区占有的数目分别为11、8和9；弱脱钩地区、增长连接地区和扩张负脱钩地区各有1个,均在西部。

表4-17 "十五"期间中国区域人类福利水平与自然消耗之间的脱钩关系

地区	EF 增长率/%	HDI 增长率/%	脱钩弹性	脱钩状态
北京	−14.871 6	6.530 9	−2.277 1	强脱钩
天津	3.261 1	8.425 2	0.387 1	弱脱钩
河北	8.596 7	9.552 1	0.900 0	增长连接
山西	−1.392 1	12.552 5	−0.110 9	强脱钩
内蒙古	86.040 4	13.283 9	6.477 0	扩张负脱钩
辽宁	33.397 4	7.607 9	4.389 8	扩张负脱钩
吉林	30.552 6	9.423 1	3.242 2	扩张负脱钩
黑龙江	17.378 5	8.202 7	2.118 6	扩张负脱钩
上海	−46.784 0	5.293 5	−8.838 0	强脱钩
江苏	−13.792 9	9.342 4	−1.476 4	强脱钩
浙江	−15.431 0	7.460 0	−2.068 5	强脱钩
安徽	−1.306 5	10.475 9	−0.124 7	强脱钩
福建	14.049 6	6.722 9	2.089 8	扩张负脱钩
江西	23.846 6	12.867 5	1.853 2	扩张负脱钩
山东	−0.659 3	8.688 8	−0.075 9	强脱钩
河南	8.212 5	11.315 4	0.725 8	弱脱钩
湖北	35.667 8	9.164 2	3.892 1	扩张负脱钩
湖南	36.071 3	11.177 3	3.227 2	扩张负脱钩
广东	−4.293 5	7.948 4	−0.540 2	强脱钩
广西	11.052 3	11.647 6	0.948 9	增长连接
海南	−12.537 2	8.367 2	−1.498 4	强脱钩
重庆	−7.153 6	9.915 3	−0.721 5	强脱钩
四川	−2.433 1	9.505 4	−0.256 0	强脱钩
贵州	−9.592 9	15.766 0	−0.608 5	强脱钩
云南	10.750 0	9.344 4	1.150 4	增长连接
西藏	−15.387 6	9.934 1	−1.549 0	强脱钩

地区	EF 增长率/%	HDI 增长率/%	脱钩弹性	脱钩状态
陕西	−12.840 9	13.524 9	−0.949 4	强脱钩
甘肃	4.403 8	11.961 5	0.368 2	弱脱钩
青海	−22.844 9	11.936 8	−1.913 8	强脱钩
宁夏	4.211 2	9.757 7	0.431 6	弱脱钩
新疆	0.978 4	8.307 0	0.117 8	弱脱钩

表 4-18 "十一五"期间中国区域人类福利水平与自然消耗之间的脱钩关系

地区	EF 增长率/%	HDI 增长率/%	脱钩弹性	脱钩状态
北京	−43.849 8	5.388 0	−8.138 4	强脱钩
天津	−37.205 9	7.520 3	−4.947 4	强脱钩
河北	−28.251 5	8.739 7	−3.232 5	强脱钩
山西	−15.599 3	9.239 5	−1.688 3	强脱钩
内蒙古	−2.467 1	11.659 2	−0.211 6	强脱钩
辽宁	−3.429 1	9.283 6	−0.369 4	强脱钩
吉林	−14.742 3	9.414 4	−1.565 9	强脱钩
黑龙江	4.313 1	8.738 7	0.493 6	弱脱钩
上海	−16.227 9	4.232 0	−3.834 6	强脱钩
江苏	−17.643 8	8.458 8	−2.085 9	强脱钩
浙江	−16.937 0	7.307 1	−2.317 9	强脱钩
安徽	−12.475 0	12.342 6	−1.010 7	强脱钩
福建	−9.882 6	9.525 7	−1.037 5	强脱钩
江西	−19.107 1	12.553 4	−1.522 1	强脱钩
山东	−15.044 8	8.085 8	−1.860 6	强脱钩
河南	−8.249 2	10.270 7	−0.803 2	强脱钩
湖北	30.612 4	11.475 8	2.667 6	扩张负脱钩
湖南	−29.798 6	11.693 0	−2.548 4	强脱钩
广东	−2.604 2	7.457 0	−0.349 2	强脱钩
广西	8.053 9	12.237 6	0.658 1	弱脱钩

第四章 基于生态福利绩效的绿色发展测度研究

续表

地区	EF 增长率/%	HDI 增长率/%	脱钩弹性	脱钩状态
海南	2.905 4	10.725 4	0.270 9	弱脱钩
重庆	−4.072 9	11.568 9	−0.352 1	强脱钩
四川	−10.457 2	12.202 2	−0.857 0	强脱钩
贵州	−8.055 9	16.013 9	−0.503 1	强脱钩
云南	3.643 8	11.687 3	0.311 8	弱脱钩
西藏	−4.533 1	10.687 8	−0.424 1	强脱钩
陕西	−2.447 8	12.282 4	−0.199 3	强脱钩
甘肃	−0.353 7	11.949 6	−0.029 6	强脱钩
青海	−6.608 9	11.488 8	−0.575 2	强脱钩
宁夏	1.553 4	12.386 0	0.125 4	弱脱钩
新疆	−29.604 4	9.887 0	−2.994 3	强脱钩

表 4-19 "十二五"期间中国区域人类福利水平与自然消耗之间的脱钩关系

地区	EF 增长率/%	HDI 增长率/%	脱钩弹性	脱钩状态
北京	−18.511 2	3.240 0	−5.713 3	强脱钩
天津	−17.839 1	3.147 7	−5.667 4	强脱钩
河北	−2.924 3	3.187 6	−0.917 4	强脱钩
山西	−7.215 9	2.672 8	−2.699 8	强脱钩
内蒙古	−11.946 0	3.018 0	−3.958 3	强脱钩
辽宁	−14.223 0	3.641 8	−3.905 4	强脱钩
吉林	−21.204 5	3.650 8	−5.808 2	强脱钩
黑龙江	−19.131 9	3.063 0	−6.246 2	强脱钩
上海	−21.194 1	3.255 6	−6.510 1	强脱钩
江苏	−22.877 4	3.891 3	−5.879 2	强脱钩
浙江	−27.519 3	2.896 5	−9.500 9	强脱钩
安徽	−16.043 4	5.254 6	−3.053 2	强脱钩
福建	−2.054 6	3.915 6	−0.524 7	强脱钩
江西	−22.379 6	2.963 7	−7.551 3	强脱钩

续表

地区	EF 增长率/%	HDI 增长率/%	脱钩弹性	脱钩状态
山东	−13.162 8	3.967 5	−3.317 7	强脱钩
河南	−17.443 8	3.922 5	−4.447 1	强脱钩
湖北	−24.094 2	5.715 1	−4.215 9	强脱钩
湖南	−15.726 4	4.669 7	−3.367 8	强脱钩
广东	−2.561 1	3.222 2	−0.794 8	强脱钩
广西	0.252 4	3.902 8	0.064 7	弱脱钩
海南	−12.371 8	4.929 8	−2.509 6	强脱钩
重庆	−15.624 7	4.727 9	−3.304 8	强脱钩
四川	−16.677 8	4.581 9	−3.639 9	强脱钩
贵州	36.870 8	7.696 8	4.790 7	扩张负脱钩
云南	−5.214 7	6.109 7	−0.853 5	强脱钩
西藏	−18.503 5	5.819 5	−3.179 5	强脱钩
陕西	−0.230 6	5.346 8	−0.043 1	强脱钩
甘肃	−5.029 2	5.466 8	−0.920 0	强脱钩
青海	−1.176 1	4.053 1	−0.290 2	强脱钩
宁夏	5.249 1	4.639 4	1.131 4	增长连接
新疆	−4.495 8	4.050 9	−1.109 8	强脱钩

4.5 绿色发展与经济增长关系

4.5.1 绿色发展与经济增长关系假说

20世纪50年代，诺贝尔奖获得者、经济学家库兹涅茨在分析人均收入水平与分配公平程度之间的关系时，提出了"库兹涅茨曲线"，即收入不均现象随着经济增长先升后降，呈现倒U型曲线关系。针对北美自由贸易区谈判中美国人担心的自由贸易恶化墨西哥环境并影响美国本土环境的问题，美国经济学家Grossman等(1991)首次研究了环境质量与人均收入之间的关系，研究结果表明：污染与人均收入间的关系为"污染在低收入水平上随人均GDP增加而上升,在高收入水平上随 GDP 增长而下降"。在此研究之后,世界银行 1992 年的《世界发展报告》以"发展与环境"为主题,扩大了环境质量与收入关系研究的影响。Panayotou(1993)借用 1955 年库兹涅茨界定的人均收入与收入不均等之间的倒 U 型曲线,首次将这种环境质量与人均收入间的关系称为环境库兹涅茨曲线(Environmental Kuznets Curve,EKC)。环境库兹涅茨曲线揭示了环境质量开始随着收入增加而退化,当收入水平上升到一定程度后随收入增加而改善,即环境质量与收入为倒 U 型关系。

生态现代化理论是与环境库兹涅茨曲线意思相近的另一个理论,该理论始于 20 世纪 80 年代初对环境保护与经济增长不相融性的思考。该理论主要是由一些社会科学家如德国的马丁·耶内克(Martin Janicke)、荷兰的格特·斯帕加伦(Gert Spaargaren)和英国的阿尔伯特·威尔(Albert Weale)等提出的作为解决环境难题的替代性思路。该理论重点从环境问题的政策法律监管和事后处理转向了如何实现环境问题的预防和通过市场手段克服环境问题。该思想提出后很快被世界环境与发展委员会、经济合作与发展组织和欧盟等国际机构接受为核心理念(郇庆治,2006)。生态现代化理论与方法的基本含义是:我们可以通过政策推动的技术革新和现有的成熟的市场机制,促进工业生产率的提高和经济结构的升级,取得经济发展和环境改善的双赢结果(郇庆治 等,2010)。因此,技术革新、市场机制、环境政策和预防性理念是生态现代化的四个核心性要素。

基于环境库兹涅茨曲线和生态现代化理论,诸大建等(2014a)提出了生态福利绩效与经济增长之间呈 U 型关系的假说。他们认为在发展的早期阶段,经济增长的成本往往很大,造成能源消耗增加和环境污染恶化,经济增长对于福利提升是低效的,每单位自然消耗所带来的福利应该是逐渐减少的;但等经济发展到一定阶段之后,经济增长就成为改善环境质量的"良药",经济增长的成本日益减少,同时经济增长对于福利提高变得越来越高效,每单位的自然消耗带来的福利应该是逐渐增加的。但是诸大建等(2014a)利用 2007 年涵盖了 124 个国家和地区的横截面数据进行实证分析,研究发现生态福利绩效和经济增长是倒 U 型关系。

对于中国而言,早期的经济发展是以资源消耗和环境污染为代价的,但是经济增长对福利水平提高具有一定的贡献,因此每单位自然消耗所带来的福利应该是逐渐增加的。随着中国经济快的速增长,进一步的经济增长对福利的边际贡献就开始递减,每单位的自然消耗带来的福利应该是逐渐减少的。近年来,中国转变了经济发展方式,发展绿色经济,高度重视环境保护。因此,经济增长带来的福利正面效应大于自然消耗的负面效应,每单位的自然消耗带来的福利应该是逐渐增加的。如果以上分析是合理的,那么对于中国而言,绿色发展和经济增长是 N 型关系,即在经济增长过程中,绿色发展水平先提升再降低,之后再提升。

4.5.2 绿色发展与经济增长关系实证检验

关于经济增长与生态福利绩效之间的关系,学者们的研究发现:经济增长与生态福利绩效之间呈现负相关或者倒 U 型关系(Common,2007;Knight et al.,2011;Dietz et al.,2012;诸大建 等,2014b)。但是上述研究是基于国家层面展开的,那么基于一国区域层面的研究结果究竟如何呢?针对此,下面基于中国 31 个区域数据对经济增长与生态福利绩效(即绿色发展水平)之间的关系进行分析。

本书借鉴 EKC 研究思想分析绿色发展与经济增长之间的关系。EKC 研究的模型主要是二次多项式和三次多项式,本书采用如下三次多项式进行实证研究:

$$\ln(WPE)_{it} = c_i + \alpha_1 \ln(GDPPC)_{it} + \alpha_2 (\ln(GDPPC)_{it})^2 + \alpha_3 (\ln(GDPPC)_{it})^3 + \varepsilon_{it}$$
(4-22)

其中,WPE_{it} 表示第 i 地区在第 t 年的绿色发展水平,$GDPPC_{it}$ 表示第 i 地区在第 t 年的经济增长,ε_{it} 为残差项,而 c_i、α_1、α_2 和 α_3 为带估计参数。根据上述模型估计结果,可以判断如下几种可能的关系:

(1)$\alpha_1 = \alpha_2 = \alpha_3 = 0$,意味着绿色发展与经济增长之间不存在关系;

(2)$\alpha_1 > 0, \alpha_2 = \alpha_3 = 0$,意味着绿色发展与经济增长之间存在单调递增关系;

(3)$\alpha_1 < 0, \alpha_2 = \alpha_3 = 0$,意味着绿色发展与经济增长之间存在单调递减关系;

(4)$\alpha_1 > 0, \alpha_2 < 0, \alpha_3 = 0$,意味着绿色发展与经济增长之间存在倒 U 型关系,即绿色发展水平随着经济增长先升后降;

(5)$\alpha_1 < 0, \alpha_2 > 0, \alpha_3 = 0$,意味着绿色发展与经济增长之间存在 U 型关系,即绿色发展水平随着经济增长先降后升;

(6) $\alpha_1>0, \alpha_2<0, \alpha_3>0$,意味着绿色发展与经济增长之间存在 N 型关系,即在经济增长速度不断提高的过程中,绿色发展水平先提升再降低,之后又提升;

(7) $\alpha_1<0, \alpha_2>0, \alpha_3<0$,意味着绿色发展与经济增长之间存在倒 N 型关系,即在经济增长速度不断提高的过程中,绿色发展水平先降低再提升,之后再降低。

表 4-20　模型(4-22)的估计结果

解释变量	被解释变量 ln(WPE)			
	系数	标准误差	t-统计量	P 值
C	−2.790 2	0.067 2	−41.495 0	0.000 0
ln(GDPPC)	0.719 8	0.118 9	6.049 9	0.000 0
$(\ln(GDPPC))^2$	−0.419 3	0.064 7	−6.477 6	0.000 0
$(\ln(GDPPC))^3$	0.090 5	0.010 9	8.277 2	0.000 0
调整 R^2	0.9617			

在对模型(4-22)进行面板数据回归估计时,本书先对模型中 ln(WPE)、ln(GDPPC)、$(\ln(GDPPC))^2$ 和 $(\ln(GDPPC))^3$ 四个变量进行单位根检验,其中 Levin, Lin & Chu t*(LLC)检验 P 值为 0.000 0,ADF-Fisher Chi-square 检验 P 值为 0.090 8,这意味着面板数据是平稳的。进而根据 Hausman 检验,确定采用固定效应模型进行估计,相关回归结果如表 4-20 所示。根据表 4-20 中的 P 值可知,模型估计的系数是显著的,符合上述可能关系中(6)的形式。因此,基于中国区域数据可知,绿色发展与经济增长之间存在 N 型关系,也就是说,在经济增长速度不断提高的过程中,绿色发展水平先提升再降低,之后又提升。

对于基于环境库兹涅茨曲线和生态现代化理论的生态福利绩效与经济增长之间呈 U 型关系的假说,如果其成立,则意味着(诸大建 等,2014a):在经济增长的早期阶段,生态福利绩效较低,人类需要用越来越多的自然消耗实现单位福利水平的提升;但是等经济发展到一定阶段,生态福利绩效会越来越高,人类只需要越来越少的自然消耗就可以实现单位福利水平的提升。按照此假说,只要保证经济增长、高水平的绿色发展,各个地区就会逐渐过渡为"低消耗,高福利"的发展状态。然而本书实证检验结果却显示生态福利绩效与经济增长之间存在 N 型关系,其具有重要的理论意义,表明基于环境库兹涅茨曲线和生态现代化理论提出的假说对于中国并不成立。

4.6 本章小结

本章基于生态福利绩效对绿色发展进行测度研究,利用人类发展指数度量人类福利水平,采用人均生态足迹度量自然消耗水平。本章基于中国 2001—2015 年 31 个地区的实际数据进行实证研究,主要研究结果如下:

(1) 在自然消耗水平方面,在 2001—2015 年这 15 年期间,中国地区的自然消耗水平具有不同程度的变化。在 31 个地区中,有 14 个地区的自然消耗水平年均增长率大于零,其余 17 个地区的自然消耗水平年均增长率小于零。在"十五""十一五"和"十二五"三个不同时期,不同地区的自然消耗水平具有显著的差异,西部自然消耗水平最高,东部自然消耗水平最低。

(2) 在人类福利水平方面,经过 15 年的发展,各地区的人类福利水平均得到显著的提升。在三个不同时期,增长率最高的地区均是贵州;而在"十五"和"十一五"期间,增长率最低的地区是上海;在"十二五"期间,增长率最低的地区是山西。相比"十五"和"十一五"期间,所有地区在"十二五"期间的增长率均放缓。东部地区人类福利水平最高,中部地区次之,西部地区最低。

(3) 在绿色发展水平方面,经过 15 年的发展,各地区的绿色发展水平均有不同程度的变化,其中绿色发展水平年均增长率最高的地区是北京。在"十五"期间,有 9 个地区的绿色发展水平在降低;在"十一五"期间,仅湖北地区的绿色发展水平在降低;在"十二五"期间,仅贵州和宁夏地区的绿色发展水平在降低。东部地区绿色发展水平最高,中部地区次之,西部地区最低。

(4) 绿色发展因素分析结果显示:在中国区域绿色发展方面,技术效应起到驱动作用,而服务效应起到抑制作用。绿色发展脱钩分析显示:中国区域人类福利水平与自然消耗水平之间的脱钩关系呈现良好的趋势。而中国区域绿色发展与经济增长之间存在 N 型关系,即在经济增长速度不断提高的过程中,绿色发展水平先提升再降低,之后又提升。

第五章

基于生态福利绩效的绿色发展创新驱动机制研究

中国绿色发展的创新驱动机制研究

在党的十八届五中全会上,习近平总书记提出了"创新、协调、绿色、开放、共享"的五大发展理念。创新位于五大发展理念之首,居国家发展全局的核心位置。习近平总书记提出了"把创新作为引领发展的第一动力"的重大论断。那么,创新对绿色发展的作用机制是什么?针对此,本章在第4章绿色发展测度研究的基础上,基于生态福利绩效进一步研究绿色发展的创新驱动机制。本章将基于创新理论和创新驱动理论剖析技术创新、制度创新与绿色发展之间的关系,并基于2001—2015年中国31个地区的数据,对技术创新、制度创新与绿色发展之间的关系进行实证检验。同时,本章定量分析绿色发展过程中技术创新和制度创新与其协同程度。本章的研究将从理论分析和实证研究两个视角全面地揭示绿色发展的创新驱动机制。

5.1 绿色发展的创新驱动

在党的十八届五中全会上,习近平总书记提出了"创新、协调、绿色、开放、共享"的五大发展理念,集中反映了中国共产党对经济社会发展规律认识的深化,极大丰富了马克思主义发展观。其中,绿色发展理念丰富和发展了马克思主义生态思想,主要体现为:在目标内涵上,绿色发展理念坚持遵循自然规律,把握时代脉搏,丰富和发展了马克思主义生态思想内涵;在价值取向上,绿色发展理念坚持实现人民主体地位,契合民生福祉,丰富和发展了马克思主义生态人本思想;在动力源泉上,绿色发展理念坚持激活发展点火系,突出科技创新,丰富和发展了马克思主义生态科技思想;在发展要求上,绿色发展理念坚持正确处理经济发展与生态环境保护的关系,突出问题导向,丰富和发展了马克思主义生态和谐思想(周晓敏 等,2016)。

上述分析显示:绿色发展理念坚持激活发展点火系,突出科技创新。实际上,对于绿色发展依靠什么动力支撑以及何种动力为第一动力,习近平总书记给出了明确的答案。习近平总书记在2015年3月5日参加十二届全国人大三次会议上海代表团审议时作了明确回答,提出了"创新是引领发展的第一动力"的论断。他指出:"适应和引领我国经济发展新常态,关键是要依靠科技创新转换发展动力。"此后,他多次强调要加快形成"以创新为主要引领和支撑的经济体系和发展模式"①。

习近平总书记提出的"把创新摆在国家发展全局的核心位置""把创新作为引领发展的第一动力"等重大论断,是马克思主义关于创新理论的最新成果,是"科学技术是第一生产力"重要思想的创造性发展,丰富发展了中国特色社会主义理论宝库②。创新发展理念是中国特色社会主义创新范畴的最新理论成果,表明中国的创新实践超越了技术层面,进入了理论、制度、文化等综合层面,从科技创新的单轮驱动发展为理论创新、制度创新、科技创新、文化创新等多轮驱动。因此,以创新驱动发展,形成以创新为主要引领和支撑的经济体系和发展模式,释放科技创新潜力,便能够有效破解产能过剩、资源环境约束等制约难题,为中国加快转变经济发展方式、赢得国际竞争的主动权提供根本支撑与关键动力③。因此,创新是中国绿色发展的引擎,中国绿色发展需通过创新驱动来实现。

Porter(1990)首次提出创新驱动概念,将国家经济发展过程分为生产要素驱动、投资驱动、创新驱动和财富驱动四个阶段。对于创新驱动的概念,Porter从企业层面进行阐述:企业要引进和运用国际先进技术,并且要不断地对这些生产技术进行改进和创新,其中消化、吸收、创新和改造外国先进技术的能力是一国产业达到创新驱动阶段的关键标志。而洪银兴(2013b)认为国家层面上的创新驱动本质上是一种经济增长方式,指利用知识、技术、企业组织制度和商业模式等创新要素对现有的资本、劳动力、物质资源等有形要素进行新组合,以创新的知识和技术改造物质资本,进而提高劳动者素质和科学管理水平。各种物质要素经过新知识和新发明的介入和组合提高了创新能力,就形成内生性增长。

究竟创新驱动阶段的标准是什么呢?夏天(2010)研究指出,只有达到下列所有的条件,才算进入创新驱动阶段:创新综合指数明显高于其他国家,科技进步贡献率在70%以上;从创新投入来看,研发投入占GDP的比例一般在2%以

---
① 唐国军."创新是引领发展的第一动力":习近平与创新发展理念的提出[J].党的文献,2017(2):26-32.
② 杨丽娜,谢磊.坚持创新发展:"五大发展理念"解读之一.(2015-12-18)[2024-01-29].http://theory.people.com.cn/n1/2015/1218/c40531-27944079.html
③ 叶青,贾华强.五大发展理念对政治经济学的创新.http://dangjian.people.com.cn/n1/2016/0324/c117092-28284814.html

上,研发投资的较大部分投向产业领域;从创新过程来看,大量创新活动是原始创新,对外技术依存度指标一般在30%以下;从创新产出来看,创新产出高,发明专利多;从产业发展来看,创新不仅仅体现在科技优势上,而且体现在产品或服务的国际竞争优势上,这个阶段会形成较为完善的产业集群,对经济的变动和外部事件影响的免疫力很强;从社会发展来看,创新驱动不仅体现在经济增长上,而且扩散到社会发展、环境改善、体制优化等多个领域。

技术创新和制度创新是创新驱动的基本形式(张蕾,2014),因此应通过技术创新和制度创新驱动绿色发展。因为在经济发展中,生态环境等问题是生产方式和生活方式不合理造成的,因此需要实施生产方式和生活方式绿色化,而此需要通过技术创新和制度创新实现。技术创新在生产方式和生活方式绿色化方面的作用主要体现为:在能源结构方面,通过技术创新实现能源节约、清洁利用,以及利用清洁能源和可再生能源;在产业结构方面,利用技术创新降低传统产业能源消耗,提升其质量和效率,使其向高端化转型,同时依靠技术创新培育发展新兴产业,大力发展节能环保产业;在生活方式方面,技术创新有利于实现生活方式向勤俭节约、绿色低碳、文明健康的方向转变。制度创新在生产方式和生活方式绿色化方面的作用主要体现为:推动生产方式绿色化,需从规划、标准、执行、统计、监管、考核等方面加强制度体系建设,制度创新是重中之重;在生活方式绿色化方面,需形成激励与约束相容的一套长效机制,引导绿色消费,鼓励绿色出行、绿色居住等。

5.2 技术创新和制度创新理论

5.2.1 创新的基本概念

社会经济发展的本质动力来源于创新,熊彼特于1912年就指出,"资本主义发展的根本不是资本和劳动力,而是创新",并在《经济发展理论》一书中首次提出创新理论。熊彼特认为:创新是建立一种新的生产函数,把一种从来没有过的关于生产要素和生产条件的"新组合"引入生产体系。这种新组合包括以下5种情况[①]:

---

① 熊彼特.经济发展理论[M].何畏,易家详,等,译.北京:商务印书馆,2020.

（1）引进新的产品，即产品创新，制造一种消费者还不熟悉的产品，或者一种与过去产品有本质区别的新产品；

（2）采用一种新的生产方法，即工艺创新或生产技术创新，采用一种产业部门从未使用过的方法进行生产和经营；

（3）开辟一个新的市场，即市场创新，开辟有关国家或某一特定产业部门以前尚未进入的市场，不管这个市场以前是否存在；

（4）获得一种原料或半成品的新的供给来源，即开发新的资源，不管这种资源是已经存在的还是首次创造出来的；

（5）实行一种新的企业组织形式，即组织管理创新，如形成新的产业组织形态，建立或打破某种垄断。

自从熊彼特提出创新概念以来，创新的内涵得到不断的丰富，一般有广义和狭义之分。广义的创新主要指市场创新、文化创新、知识创新、制度创新、技术创新、管理创新、方法创新等；狭义的创新仅指技术创新（张建伟，2011）。虽然马克思和恩格斯没有对创新理论进行明确而系统的论述，但他们在《资本论》《剩余价值理论》和《1857—1858年经济学手稿》中提到的"自然科学在技术进步中的作用""发明""技术变革"等都体现了现代意义上的"创新"概念。基于熊彼特提出的创新概念，学术界对创新的研究主要分为两个支流：以产品、工艺创新研究为主的技术创新理论和以组织变革和制度创新研究为主的制度创新理论。

5.2.2 技术创新理论

技术创新理论以索洛为主要代表，他提出技术创新成立的两个条件：新思想来源和以后阶段的实现发展。对于技术创新，Enos（1962）将其定义为选择发明、投入资本、建立组织、制订计划、招募工人和开辟市场等一系列行为的综合结果。之后，学者们将技术创新定义为一个动态过程，如Freeman（1973）将技术创新定义为一个包括产品的市场实现及新技术、新工艺与装备的商业化应用过程；Lynn等（1996）认为技术创新为从对技术商业潜力的认识到将其完全转化为商业化产品的整个过程。虽然学者们对技术创新的界定不统一，但技术创新理论的历史研究表明，技术创新作为一种技术发展方式，作为一种人对自然、对社会的改造过程，由众多因素和不同发展阶段构成。其中，技术创新理论的发展包括四个阶段：个体的技术创新、企业间的技术创新、系统化的技术创新和复杂系统化的技术创新(刘汶荣,2009)。

技术创新理论研究得出,技术创新是在内外环境综合作用下启动与实现的,环境在不断地变化,技术创新的内在机制也变动不居,从早期简单线性模式演化出五代技术创新过程模式(彭纪生 等,2002)。

第一代:20世纪60年代以前,技术推动的创新模式。在这种技术创新模式中,创新过程是单向流动的,某一环节完成智能分工后,把接力棒传到其下游环节,引起下一环节的启动与运作,各个环节间具有相对独立性,在创新过程中各管一段,纵向协作为简单线性关系。

第二代:20世纪60年代中期至70年代初,需求拉动的创新模式。在第二代模式中,创新的过程是由被企业感受到的市场需求为起点,需求信息反馈到研究开发部门,研制出能满足消费者需要的产品,投入生产满足市场。为使信息反馈快速准确,创新过程机制需要变更,研究开发机构与企业或企业内部的研制机构与销售部门间要密切合作,信息流畅,以使研制课题能符合不断变化的市场需求,因而应作创新过程及组织结构的调整。

第三代:20世纪70年代至80年代初,交互作用的创新模式。在第三代模式中,技术创新是在技术和市场交互作用下启动的,技术推动和需求拉动在产品生命周期及创新过程的不同阶段有着不同的作用,科学、技术和市场的结合是技术创新成功的保证。

第四代:20世纪80年代,"链环—回路"创新模式。该模型摒弃了线性思维,引入集成观和并行工程观,视技术创新为多路径、多回路、各环节并行的过程。

第五代:20世纪90年代以来,系统集成与网络创新模式。第五代创新模式是在第四代基础上发展起来的,利用网络和专家系统、仿真模型技术充分集成,完全一体化并行开发,与供应商和先行用户密切联系,在全球范围内创新资源优化配置,企业内外广泛合作,高度集成,动态结盟方式多样,强调组织柔性化、协同创新。

目前,关于技术创新理论的研究与发展,形成了以索洛为主要代表的新古典学派、以曼斯菲尔德为主要代表的新熊彼特学派以及以弗里曼为主要代表的国家创新系统学派,对世界各国和地区的技术创新实践和管理产生深刻的影响。

5.2.3 制度创新理论

制度创新理论主要对制度变迁、技术创新和经济绩效进行研究,强调制度框架安排在技术创新和经济发展过程中的作用,以诺斯(North)、戴维斯(Davis)和拉坦(Rutton)为主要代表。诺斯于1968年在《政治经济学杂志》上发表的文章《1600—1850年海洋运输生产率变化的原因》分析了这些年内世界海洋运输生产率的变化与制度变革之间的关系,该文被认为是制度创新理论产生过程中重要的开创性论著。诺斯和戴维斯于1971年在《制度变革与美国经济增长》一书中对制度创新进行了论述,指出制度创新是能使得创新者获得追加利益即潜在利益的现有制度的变革。该书被认为是制度创新理论的重要代表作,也是西方经济学界第一部比较系统地阐述制度创新的著作。Rutton(1978)认为制度创新是个人或一群人在响应获利机会时自发倡导、组织和实行的制度变革,主要表现为某种特定组织行为的变化、这一组织与其所处环境的相互关系的变化、在这一组织环境中当事人的行为及其相互关系规则的变化。

在诺斯、戴维斯和拉坦看来,经济社会之所以会产生制度创新,是因为在现有的制度安排下人们失去获利的能力和获利的机会。如诺斯认为,虽然技术创新对经济发展起重要作用,但真正起决定性作用的是制度,"有效率的经济组织是经济增长的关键;一个有效率的经济组织在西欧的发展正是西方兴起的原因所在"。制度创新的主体包括个人、个人之间自愿组成的合作团体和政府机构,制度创新的形式分为两种,即诱致性制度变迁和强制性制度变迁。其中,诱致性制度变迁是指现行制度安排的变更、替换或新制度安排的创造,是由个人或一群人在响应获利机会时自发倡导、组织和实行的制度变迁;而强制性制度变迁一般由政府命令、法律引入和实现,其变迁主体是国家(文魁 等,2013;李文涛 等,2001)。

戴维斯和诺斯把制度创新的全过程分为五个阶段:(1)形成"第一行动集团"阶段。所谓"第一行动集团"是指那些能预见潜在市场经济利益并认识到只要进行制度创新就能获得这种潜在利益的人。他们是制度创新的决策者、首创者和推动人,他们中至少有一个成员是熊彼特所说的那种敢于冒风险的、有锐敏观察力和组织能力的"企业家"。(2)"第一行动集团"提出制度创新方案的阶段。他们先提出制度创新方案,再进入下一阶段的创新活动。(3)"第一行动集团"对已提出的各种创新方案进行比较和选择的阶段。(4) 形成"第二行动集团"的阶段。所谓"第二行动集团"是指在制度创新过程中帮助"第一行动集团"获得经济利益的组织和个人。这个集团可以是政府机构,也可以是民间组织和个人。(5)"第一行动集团"和"第二行动集团"协作努力,实施制度创新并将制度创新变成现实的阶段(李文涛 等,2001)。

5.3 绿色发展的创新驱动机制理论分析

发展的实质是新事物的产生和旧事物的灭亡,是事物由低级阶段向高级阶段的进化,所以创新是社会发展的本质动力,创新通过技术创新和制度创新等实践形式驱动社会发展。因此,技术创新和制度创新是绿色发展创新驱动的主要形式。下面本书将从技术创新和制度创新两个方面阐述绿色发展的创新驱动机制。根据本书对绿色发展的界定,下面主要从自然消耗和人类福利水平两个方面分析绿色发展的创新驱动机制。

5.3.1 绿色发展与技术创新的互动关系

5.3.1.1 技术创新对绿色发展的作用

实际上,马克思主义技术进步理论充分阐述了技术进步对经济发展、社会发展、生态环境和人的发展的作用(武文风,2013)。绿色发展是要在社会经济发展过程中最小化自然消耗,保护生态环境。而技术创新是生态绿色化的动力,主要体现在以下三个方面(黄娟,2017):(1) 技术创新驱动资源节约。节约资源是保护生态环境的根本之策,技术创新是节能、节水、节地等的重要手段。如,齐志新等(2006)对中国改革开放后的能源利用效率进行因素分析,发现技术进步是其主要原因;Lee 等(2014)认为创新能够促进经济生产和消费模式从传统的石油消耗型向环境友好型转变,提供新的环境友好型产品和消费模式,从而实现环境可持续发展。(2) 技术创新驱动污染防治。如,Carrión-Flores 等(2010)对美国 1989 年至 2004 年 127 个制造业的面板数据进行分析,发现技术创新是有害气体排放量减少的重要驱动力;Garrone 等(2010)研究发现,公共支出在能源研发方面的投入将降低单位 GDP 的碳排放量。因此,技术创新在解决经济可持续增长和气候变化等环境问题方面均有不可或缺的作用(Rooney et al.,2012)。防治环境污染、提高环境质量,满足人民群众对清洁空气、干净饮水、安全食品、优美环境的要求,都要靠技术创新驱动。(3)技术创新驱动生态保护。解决中国生态问题,应对自然灾害、气候变化,保护生物多样性等也要靠技术创新。技术创新是改善生态状况的重要工具,系统科学和工程、卫星遥感技术、计算机技术、生物工程技术等在保护生态中起着至关重要的作用。

绿色发展要在社会经济发展过程中提高人类福利水平,而技术创新对其具有显著的驱动作用。Schubert(2013)认为在某种程度上,创新本身就可以作为评判福利的一个标准。Binder(2013)认为在论及创新性变革时,主观福利(Subjective Well-being,SWB)是一个适宜的评价指标和基准,但是其并未提出一个研究创新和SWB之间联系的模型。Engelbrecht(2014)在Swann(2009)的"创新和财富创造的复杂交互"模型基础上建立了"创新—SWB联系"的一般研究框架,Swann模型中的财富是广义上的,包含客观和主观两个方面,因而贴近生活质量(福利)这一标准。Dolan等(2012)通过对英国家庭成员的追踪调查数据进行研究,证实了创新和SWB之间确实存在联系。Manyika等(2013)认为颠覆性技术创新将促使现有的商业模式进行转变,进而利于解决普遍存在的员工心理问题,最终增进福利。此外,技术创新驱动了人类寿命提高。19世纪末,世界的平均人口寿命大约只有40岁。美国商业部最新发表的一份报告指出,1997年,世界平均人口寿命已达到62.27岁。中国人1949年的平均寿命为35岁,1996年增长到70.8岁。这应当在很大程度上归功于人类生活水准的提高以及现代生物医学技术的发展①。随着现代科学技术的快速发展,生命科学和医学成为发展最迅速、创新最活跃、影响最深远的科技创新领域之一。《中共中央 国务院关于深化体制机制改革加快实施创新驱动发展战略的若干意见》和《国家创新驱动发展战略纲要》等一系列重要文件,均明确提出了要将卫生与健康科技创新作为重点优先领域进行布局。

5.3.1.2 绿色发展对技术创新的作用

针对中国经济传统粗放发展模式的弊端、生态资源趋紧与环境恶化等现

---

① 路甬祥.百年技术创新的回顾与展望[J].管理科学文摘,2002(7):56-59.

状,习近平总书记提出了绿色发展理念,并提出"把创新摆在国家发展全局的核心位置""把创新作为引领发展的第一动力"等重大论断。可见,绿色发展的推进必定会对技术创新产生激励作用。此外,绿色发展是要在社会经济发展过程中最小化自然消耗,保护生态环境。对此,国家必将出台相关环境政策,而环境政策对技术创新亦会产生影响。环境政策试图通过对企业进行激励使得环境污染负外部性最小化从而协调这种不平衡情况,可以选择以下任一政策来实现这一目标:一种是在经济上内化环境成本,这样污染者就可以根据他们的环保投入的消费来决定其行为;另外一种是对环境污染的程度加以限制(Popp et al.,2010)。

在绿色发展过程中,政府应采取严格的环境政策,对企业的污染行为进行限制,但这将提高企业的污染治理成本,进而影响企业的技术创新行为。Porter(1991)提出了"波特假说",认为合理设置的环境规制政策能够刺激企业进行技术创新,产生创新补偿作用,这将弥补甚至超过环境规制的成本。环境政策是从内驱力、内阻力、外驱力、外阻力四个方面对技术创新施加影响的(赵细康,2004)。国内外一些研究均表明环境政策对技术创新具有显著的促进作用,如Brunnermeier等(2003)基于1983—1992年美国146个制造行业的数据,研究了环境规制对产业技术创新的影响。研究结果显示:污染治理成本与环境专利数量之间存在着显著的正相关关系。王文普等(2013)基于中国31个省级环境专利面板数据,通过非线性设定探讨了环境政策对绿色技术创新的影响,结果发现环境政策总体上对绿色技术创新有显著的激励作用。此外,在绿色发展过程中,政府为提高环境保护水平必然会在税收法律制度、财政法律制度等方面健全技术创新正外部性激励机制,以解决技术创新过程中资金不足等问题。

5.3.2 绿色发展与制度创新的互动关系

5.3.2.1 制度创新对绿色发展的作用

制度是形成现实中环境治理的关键因素,简单地说,制度产生社会实践,并为参与实践的人分配角色,调控不同参与者之间的互动关系。环境和资源相关的制度是应对过度使用导致的生态及环境退化问题的。Young等(2008)在关于制度在决定发展质量和自然资源管理重要性方面做出了充分解释。樊根耀

(2004)研究指出,产权不明晰和所有者虚位经常引发对自然资源的哄抢式与掠夺式开发,如滥砍、滥伐、滥牧、滥捕、滥垦、滥樵等现象屡禁不绝,导致自然资源的过度开发利用,给生态环境造成了重大危害。因此,可以明确界定生态环境的产权,然后通过市场机制实现有效率的供给和生产,以减轻对环境的破坏。

制度创新不仅对生态环境保护具有驱动作用,而且还对人类福利具有重要作用。无论是结构主义学派观点在经济学中的应用,还是演化经济学关注的"创造性毁灭"的内在机理,都认为经济系统组成部分的内在结构变化和重组有益于经济增长,制度创新可以在现有的经济产出上对现有成果进行分配,消除贫富差距等带来的福利降低。潘家华(2002)认为在一定的技术经济和制度条件下,人文发展(以 HDI 衡量)不会无限增长,而是趋于某个常数。因此,分配制度的创新可充分利用当前经济成果进一步提高福利水平。Bebbington 等(2009)对秘鲁的采矿业进行了相关研究,认为制度进步速度落后于采矿业发展速度,需要对制度进行新的安排以保证采矿业、环境和居民生计的协同发展。采矿业中获取财富的透明使用和公平分配的机制较弱(Humphreys et al.,2007),不利于当地居民福利提高。

5.3.2.2 绿色发展对制度创新的作用

马克思主义经济学认为制度对于经济发展有重要影响,它也受到经济发展的制约。针对此,何志星(2012)基于中国 1985—2009 年的经济数据研究发现:短期内制度变革与经济发展之间呈双向因果关系;在长期关系中,经济发展水平决定着制度变革,反之不成立,这验证了马克思主义经济学的制度观点。而 Acemoglu 等(2012)通过实证研究也发现制度与经济发展是互补的关系,即制度与经济发展是互相作用的,而不是单向的因果关系。因此,在绿色发展过程中,绿色发展为制度创新演化提供了相应的物质条件,促使制度由非均衡到均衡再到非均衡的动态演变。

此外,制度创新是中国"十三五"绿色发展的路径选择之一。绿色发展涉及的部门多,包括环保部门、发改委、林业、水利、国土、工业、农业、交通、安全等多个部门。当前,中国的绿色发展相关法律、法规、标准已经有了基本的框架,但依然存在条块分割、执行不力、落实不到位等问题。因此,绿色发展的实施必定使制度产生变革。建立健全绿色发展的制度体系,是实现绿色发展和推进美丽中国建设的根本保障(李萌,2016)。

总而言之,绿色发展对制度创新具有推动作用。如果制度创新滞后于绿色发展,那么现有的制度就会产生反作用,就会制约绿色发展,从而导致一些问题;如果制度创新适应绿色发展,那么它就会促进绿色发展。

5.3.3 技术创新与制度创新的互动关系

在技术与制度的相互作用过程中,技术演化通过两种方式对制度演化产生影响:如果要有效地利用新的生产方法或新的技术,那么就需要一个新制度来协调和提高成员之间的新技能;新技术可能会降低制度的实施成本,使得原先无法实施或者实施成本过大的制度得以推行。同样,制度演化也会对技术产生作用:组织的自由程度将影响各种可能的技术创新;制度会对技术创新产生激励或负激励;制度还会对旧技术的粘性程度或消亡速度产生影响,这将会影响技术的创新和扩散速度;制度还会影响技术选择的正确性,一个旧制度很容易对劣技术进行"锁定",进而会影响组织的知识水平和竞争能力[1]。

马克思主义经济学和新制度经济学对技术创新与制度创新的互动关系均进行了深入分析,主要体现为[2]:马克思主义关于生产力和生产关系的基本原理告诉我们,科学技术对生产力发展和社会经济发展具有第一位的变革作用,因而技术创新较制度创新对现代经济增长具有第一位的推动作用,有更深层次的重要意义。同时,制度和制度创新又具有相对独立性,对技术创新具有重要的能动作用。技术创新和制度创新是一种相互依存、相互促进的辩证关系。从长期来看,技术创新会推动制度创新,制度创新则会保障技术创新的功能得以发挥与实现。新制度经济学在肯定制度创新对技术创新的决定性作用的同时,并不否定技术创新对改变制度安排的收益和成本的影响,主要体现为:技术创新对改变制度安排的利用有普遍的影响;技术创新不仅增加了制度安排改变的潜在利润,而且降低了某些制度安排的操作成本;由技术创新所释放的新的收入流是制度变迁需要的一个重要的原因。因此,技术创新和制度创新在驱动绿色发展过程中具有相对独立性,但两者也具有相互依存、相互促进的关系。

---

[1] 眭纪刚. 技术与制度的协同演化:理论与案例研究[J]. 科学学研究, 2013, 31(7): 991-997.
[2] 李玉虹,马勇. 技术创新与制度创新互动关系的理论探源:马克思主义经济学与新制度经济学的比较[J]. 经济科学, 2001 (1): 87-93.

5.3.4 技术创新、制度创新与绿色发展的协同演化

基于以上分析可知,技术创新与制度创新对绿色发展具有驱动作用。绿色发展的推进对技术创新与制度创新的作用主要体现为:绿色发展的推进对技术创新产生激励作用,进而提升技术创新的质量;绿色发展为制度创新演化提供了相应的物质条件,促使制度由非均衡到均衡再到非均衡的动态演变。因此,技术创新、制度创新与绿色发展具有如图5-1所示的协同演化趋势。在此协同演化机制中,技术创新与制度创新促进绿色发展水平提升;制度创新提升技术创新水平,进而提升绿色发展水平;技术创新推动制度变迁,进而提升绿色发展水平;技术创新与制度创新互动,产生协同演化作用,并共同促进绿色发展水平提升;绿色发生水平提升为技术创新与制度创新的推动提供基础和条件。

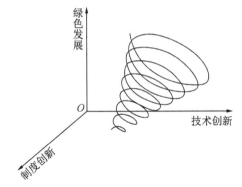

图5-1 技术创新、制度创新与绿色发展的协同演化

5.4 绿色发展的创新驱动机制实证检验

在上一节中我们梳理了绿色发展的创新驱动机制,而本节通过构建面板回归模型量化分析绿色发展的创新驱动机制,以期基于中国区域的实际数据对其进行检验。根据前面分析,本节主要检验以下问题:

(1)技术创新与绿色发展具有正向相互影响关系;

(2)制度创新与绿色发展具有正向相互影响关系;

(3)技术创新与制度创新具有相互影响关系;

(4) 技术创新与制度创新交叉作用对绿色发展具有正向影响关系。

为了检验上述关系是否成立,我们首先给出技术创新和制度创新度量变量,进而建立检验模型并进行实证分析。

5.4.1 检验模型构建

本书采用研发强度(RD)度量技术创新程度,其中研发强度是利用研发存量(K)与 GDP 之比进行计算的。区域 i 第 t 年的研发存量 K_{it} 采用下面公式进行计算(Coe et al.,1995):

$$K_{it}=(1-\delta)K_{i,t-1}+I_{it} \qquad (5-1)$$

其中,δ 表示折旧率,通常取值为 15%;I_{it} 是指区域 i 在第 t 年的研发投资。对此,本书采用区域研发经费内部支出进行刻画。区域 i 的 2001 年的研发存量可通过下面公式进行计算:

$$K_{i,2001}=I_{i,2002}/(r+\delta) \qquad (5-2)$$

其中,r 表示 2001—2015 年研发经费支出的平均增长率。

制度是有关人们有序关系的集合,包含的内容极其丰富。因此,很难采用一个或几个变量对制度创新进行准确测度。本书主要采用所有权制度变迁来衡量中国制度因素,这是因为中国经济体制改革正是以所有制改革为核心内容的一系列制度变迁,可以说所有权制度变迁指标可以较好地衡量制度因素。具体来看,所有权制度变迁主要表现为经济成分的非国有化程度,可采用非国有经济固定资产投资占全社会固定资产投资的比重进行刻画。而且该指标与其他相关的制度(如现代企业制度、就业制度、分配制度等)有着较强的关联关系,中国经济体制的一切重要变化均可以在该指标变化上找到制度性解释[1]。因此,本书采用非国有经济固定资产投资占全社会固定资产投资的比重测度制度创新。该制度创新测度指标在学术研究中也常被采用,如张新杰(2009)和赵宁(2012)的研究。

此外,已有研究表明,经济发展和工业化水平影响着自然消耗水平和人类福利水平(Jorgenson et al.,2015)。因此,本书在构建检验模型时选择这个因

---

[1] 张新杰. 中国区域经济发展与制度创新的实证研究[J]. 经济理论与经济管理,2009(1):35-38.

素作为模型的控制变量,其中经济发展水平利用人均 GDP 刻画,工业化水平利用工业生产总值与 GDP 之比度量。

基于以上分析,本书构建以下面板数据模型对绿色发展的创新驱动机制进行实证检验:

$$WPE_{it} = \phi_i + \varphi_t + \alpha_1 RD_{it} + \alpha_2 SI_{it} + \alpha_3 RD_{it} \times SI_{it} + \alpha_3 GDPPC_{it} + \alpha_3 M_{it} + \varepsilon_{it} \tag{5-3}$$

其中,i 和 t 分别表示区域 i 和第 t 年,ϕ_i 与 φ_t 分别表示区域效应和时间效应,而 $RD_{it} \times SI_{it}$ 刻画的是技术创新与制度创新交叉作用,ε_{it} 表示误差项。

5.4.2 检验模型实证结果

本书基于 2001—2015 年 31 个地区的实际数据对模型(5-3)进行实证分析,其中样本数据均来自历年的《中国统计年鉴》和《中国科技统计年鉴》。根据变量的计算方法,可以得到模型(5-3)中相关变量的描述统计性质,如表 5-1 所示。

表 5-1 变量描述统计性质

变量	均值	标准差	最小值	最大值
WPE	0.139 0	0.120 8	0.021 4	0.824 9
RD	0.034 2	0.035 9	0.000 3	0.247 2
SI	0.360 0	0.137 6	0.114 5	0.946 6
RD * SI	0.010 3	0.009 9	0.000 1	0.063 2
GDPPC	2.807 6	2.122 7	0.285 6	10.690 5
M	0.038 5 5	0.099 3	0.068 1	0.592 4

5.4.2.1 面板数据平稳性检验

我们首先对面板数据进行平稳性检验,以避免实证检验过程中出现不平稳的问题,造成伪回归结果。下面我们采用 Levin, Lin & Chu(LLC); Im, Pesaran and Shin W-stat; ADF-Fisher Chi-square 和 PP-Fisher Chi-square 四种检验方法检验 LLC 检验数据是否存在共同单位根,而后三者检验数据是否存在单独单位根。利用 Eviews 6.0 软件,可得到如表 5-2 的平稳性检验结果。根据表中 P 值结果可知,面板数据是平稳的。

表 5-2　面板数据单位根检验结果

检验方法	统计量	P 值
Levin, Lin & Chu	-19.639 0	0.000 0
Im, Pesaran and Shin W-stat	-1.500 3	0.066 8
ADF-Fisher Chi-square	486.289 0	0.000 1
PP-Fisher Chi-square	796.269 0	0.000 0

5.4.2.2　面板数据协整检验

在上述面板数据平稳性检验的基础上,本节对面板数据进行协整检验,其目的在于检验变量之间是否具有长期的稳定关系。协整检验结果如表 5-3 所示。据表 5-3 可知,Pannel PP-Statistic、Pannel ADF-Statistic、Group PP-Statistic 和 Group ADF-Statistic 的检验均在 1‰ 水平下显著,这意味着研究的变量之间具有协整关系。但检验结果中,Pannel v-Statistic、Pannel rho-Statistic 和 Group rho-Statistic 检验并不显著,但这不影响协整关系的结果。因为本书的数据是个体数目大而时间跨度小的样本,而此样本协整结果主要参考的检验指标是 Pannel ADF-Statistic 和 Group ADF-Statistic。

表 5-3　面板数据协整检验结果

检验方法	统计量	P 值	加权统计量	P 值
Pannel v-Statistic	-3.660 8	0.999 9	-6.992 3	1.000 0
Pannel rho-Statistic	4.538 3	1.000 0	4.548 9	1.000 0
Pannel PP-Statistic	-4.716 4	0.000 0	-41.155 6	0.000 0
Pannel ADF-Statistic	-5.739 8	0.000 0	-12.421 3	0.000 0
Group rho-Statistic	7.635 8	1.000 0	—	—
Group PP-Statistic	-62.825 8	0.000 0	—	—
Group ADF-Statistic	-9.599 0	0.000 0	—	—

5.4.2.3　面板数据格兰杰因果关系检验

我们进一步检验变量之间是否存在格兰杰因果关系,其中两个变量 X 与 Y 之间的格兰杰因果关系是指:若在包含了变量 X、Y 的过去信息的条件下,对变量 Y 的预测效果要优于只单独由 Y 的过去信息对 Y 进行的预测效果,即变量 X 有助于解释变量 Y 的将来变化,则认为变量 X 是引起变量 Y 的格兰杰原因。

第五章　基于生态福利绩效的绿色发展创新驱动机制研究

对技术创新、制度创新和两者交叉作用与绿色发展进行格兰杰因果检验,检验结果如表5-4所示。根据检验结果 P 值可知,在5%显著性水平下,技术创新与绿色发展互为格兰杰原因;在10%显著性水平下,制度创新是绿色发展互为格兰杰原因;在1%显著性水平下,技术创新和制度创新交叉作用与绿色发展互为格兰杰原因;在10%显著性水平下,技术创新与制度创新互为格兰杰原因。

表5-4　面板数据格兰杰因果关系检验结果

原假设	F-统计量	P 值
RD does not Granger Cause WPE	2.815 4	0.010 6
WPE does not Granger Cause RD	3.253 4	0.003 9
SI does not Granger Cause WPE	1.510 9	0.091 9
WPE does not Granger Cause SI	1.086 3	0.365 6
WPE does not Granger Cause $RD*SI$	5.697 9	0.000 0
$RD*SI$ does not Granger Cause WPE	3.212 4	0.001 5
RD does not Granger Cause SI	1.817 2	0.071 9
SI does not Granger Cause RD	2.753 1	0.005 6

5.4.2.4　面板数据回归结果

在进行面板数据回归分析前,本章先进行Hausman检验,以确定是采用固定效应模型还是随机效应模型进行估计。Hausman检验结果显示 P 值为0.001 8,因此采用固定效应模型进行面板数据回归。面板数据回归结果如表5-5所示。根据表5-5中 P 值可知,模型估计的系数是显著的,符合上述可能关系中(5-3)的形式。解释变量 RD、SI 和 $RD*SI$ 的估计系数为正数,这意味着技术创新、制度创新以及两者之间的交互作用对绿色发展均具有正向作用。根据前面的变量间格兰杰因果关系检验结果可知:技术创新与绿色发展具有正向相互影响关系;制度创新对绿色发展具有正向影响关系;技术创新与制度创新具有相互影响关系;技术创新与制度创新交叉作用对绿色发展具有正向影响关系。这意味着前面提出的研究假设(1)、(3)和(4)得到验证,而对于研究假设(2)只验证了制度创新对绿色发展具有正向影响关系。因此,本章基于中国31个地区2001—2015年的实际数据,基本上验证了本章前面提出的技术创新、制度创新和绿色发展之间的协调演化关系。

表 5-5 模型(5-3)估计结果

解释变量	被解释变量 WPE			
	系数	标准误差	t-统计量	P 值
RD	0.853 0	0.143 5	5.946 0	0.000 0
SI	0.017 1	0.007 5	2.293 0	0.022 3
RD*SI	1.171 8	0.197 1	5.943 8	0.000 0
GDPPC	0.016 0	0.001 2	13.345 8	0.000 0
M	0.068 2	0.009 5	7.146 6	0.000 0
调整 R^2	0.833 8			

习近平总书记于2014年8月18日在中央财经领导小组第七次会议上讲话时就指出：我国是一个发展中大国，目前正在大力推进经济发展方式转变和经济结构调整，正在为实现"两个一百年"奋斗目标而努力，必须把创新驱动发展战略实施好。可见，本书关于绿色发展创新驱动机制的实证结果就验证了习近平总书记的创新驱动发展思想。显然，此实证结果在一定程度上也验证了马克思主义技术进步理论中技术进步对经济发展、社会发展、生态环境和人的发展的作用。

关于制度与经济发展具有三种典型的观点（何志星，2012）：一是制度外生的增长理论。这类研究中，制度是外生的，主要研究的是检验制度对经济发展的单向关系的显著性。二是基于制度内生的新制度主义研究。该类研究认为制度是内生的，制度对经济发展具有显著影响，而且经济发展对制度也会产生作用。三是马克思主义经济学观点。该观点认为在短期内，制度与经济发展是相互作用的；然而长期而言，经济发展决定了制度的变革。而本书的实证研究结果显示了制度创新对绿色发展具有显著的作用。因此，本书的研究结论从绿色发展角度阐释了制度对经济发展的显著作用，同时也是对上述三种典型观点的一种补充。

5.5 绿色发展的创新驱动机制协同程度

5.5.1 协同度测度方法

前面对技术创新、制度创新和绿色发展之间的协同演化关系进行了理论分析,接下来对它们之间的协同度进行实证研究。对此,本书选择基于序参量的复合系统协同度测量模型作为研究方法。该模型具体构建原理为(贺灵 等,2012;刘志迎 等,2012):假设一个系统由若干个子系统构成,记为 $F=(F_1,F_2,\cdots,F_n)$,其中 $F_k(1\leqslant k\leqslant n)$ 表示第 k 个子系统。在子系统 F_k 演化过程中,序参量为 $h_k=(h_{k1},h_{k2},\cdots,h_{km})$,其中 $m\geqslant 1$,$\alpha_{ki}<h_{ki}<\beta_{ki}$,$\alpha_{ki}$ 与 β_{ki} 为序参量分量 h_{ki} 的下限和上限。通常,系统的有序度有两种情况:一是系统的有序度与序参量取值呈正方向变动,二是系统的有序度与序参量取值呈反方向变动。因此,本书将子系统 F_k 序参量分量 h_{ki} 的有序度定义如下:

$$u_{ki}(h_{ki})=\begin{cases}\dfrac{h_{ki}-\alpha_{ki}}{\beta_{ki}-\alpha_{ki}}, & i\in\Phi \\ \dfrac{\beta_{ki}-h_{ki}}{\beta_{ki}-\alpha_{ki}}, & i\in\Theta\end{cases} \quad (5-4)$$

其中,$i\in\Phi$ 意味着系统的有序度与序参量 h_{ki} 取值呈正方向变动,而 $i\in\Theta$ 表示系统的有序度与序参量 h_{ki} 取值呈反方向变动。

根据有序度定义可知,$u_{ki}(h_{ki})\in[0,1]$,其值越大体现了 h_{ki} 对系统有序性的贡献越大。通常基于几何平均法或者线性加权法对 $u_{ki}(h_{ki})$ 集成可度量 h_k 对子系统 F_k 有序程度的"总贡献" $u_k(h_k)$,具体如下:

$$u_k(h_k)=\sqrt[m]{\prod_{i=1}^m u_k(h_{ki})} \quad (5-5)$$

$$u_k(h_k)=\sum_{i=1}^m w_i u_k(h_{ki}),\ w_i\geqslant 0,\ \sum_{i=1}^m w_i=1 \quad (5-6)$$

假设 t_1 时刻,各个子系统的有序度为 $u_k^1(h_k)$,其中 $1\leqslant k\leqslant n$;而当整个系统演化到时刻 t_2,各个子系统的有序度为 $u_k^2(h_k)$,其中 $1\leqslant k\leqslant n$。则整个系统的协同度为:

$$U=\theta\sqrt[n]{\left|\prod_{k=1}^n[u_k^2(h_k)-u_k^1(h_k)]\right|} \quad (5-7)$$

其中,$\theta=\dfrac{\min\limits_k[u_k^2(h_k)-u_k^1(h_k)]}{\left|\min\limits_k[u_k^2(h_k)-u_k^1(h_k)]\right|}$。由公式(5-7)可知,$U\in[-1,1]$,其值越大,意味着整个系统的协同度越高,反之则协同度越低。

5.5.2 协同度测度结果

为了计算技术创新、制度创新和绿色发展的协同度,本书首先确定它们的序变量分别为 RD、SI 和 WPE,进而根据前面的有序度和协同度相关计算公式得到技术创新、制度创新和绿色发展的有序度和协同度。下面我们将研究的期限分为"十五""十一五"和"十二五"三个阶段,其中三个序变量的下限取值为 0,而上限取值为 2001—2015 年所有区域的最大值的 110%。通过计算可得到如表 5-6、表 5-7 和表 5-8 的结果。

根据协同度计算结果可知,"十五"期间,31 个地区中协同度最高的地区是天津,其值为 0.033 6,协同度最低的地区是北京,其值为 -0.128 9,31 个地区协同度的平均值为 -0.046 4。"十一五"期间,31 个地区中协同度最高的地区是天津,其值为 0.089 8,协同度最低的地区是北京,其值为 -0.082 0,31 个地区协同度的平均值为 -0.009 9。"十二五"期间,31 个地区中协同度最高的地区是浙江,其值为 0.043 6,协同度最低的地区是上海,其值为 -0.129 4,31 个地区协同度的平均值为 -0.020 8。

表 5-6 "十五"期间有序度和协同度计算结果

地区	变量						协同度
	技术创新有序度		制度创新有序度		绿色发展有序度		
	2001 年	2005 年	2001 年	2005 年	2001 年	2005 年	
北京	0.243 5	0.537 9	0.472 7	0.279 0	0.149 4	0.187 0	-0.128 9
天津	0.006 8	0.151 4	0.338 9	0.379 9	0.128 2	0.134 6	0.033 6
河北	0.005 5	0.048 5	0.389 7	0.282 0	0.072 2	0.072 8	-0.014 5
山西	0.008 6	0.054 6	0.586 3	0.419 5	0.152 0	0.173 5	-0.054 8
内蒙古	0.001 0	0.022 5	0.514 3	0.448 1	0.048 7	0.029 6	-0.030 0
辽宁	0.017 0	0.138 1	0.466 5	0.284 8	0.128 9	0.104 0	-0.081 9
吉林	0.018 1	0.100 4	0.504 6	0.340 7	0.096 4	0.080 9	-0.059 4
黑龙江	0.004 4	0.070 9	0.530 1	0.433 5	0.075 4	0.069 4	-0.033 7
上海	0.033 6	0.197 6	0.364 4	0.329 1	0.260 9	0.516 1	-0.113 9
江苏	0.007 4	0.117 0	0.414 9	0.240 4	0.169 2	0.214 6	-0.095 7
浙江	0.000 9	0.087 2	0.348 8	0.256 0	0.235 6	0.299 3	-0.079 9
安徽	0.006 4	0.075 0	0.502 5	0.322 3	0.123 8	0.138 5	-0.056 7
福建	0.001 2	0.068 0	0.356 5	0.302 2	0.122 9	0.114 4	-0.030 4
江西	0.002 8	0.055 8	0.503 6	0.380 5	0.110 8	0.100 9	-0.040 0

续表

地区	技术创新有序度 2001年	技术创新有序度 2005年	制度创新有序度 2001年	制度创新有序度 2005年	绿色发展有序度 2001年	绿色发展有序度 2005年	协同度
山东	0.0012	0.0786	0.4048	0.1728	0.0942	0.1030	−0.0541
河南	0.0053	0.0438	0.4746	0.2921	0.0825	0.0849	−0.0253
湖北	0.0112	0.1014	0.5293	0.3578	0.1435	0.1155	−0.0756
湖南	0.0021	0.0568	0.4762	0.3525	0.0944	0.0771	−0.0489
广东	0.0023	0.0921	0.3336	0.2694	0.2365	0.2667	−0.0559
广西	0.0013	0.0304	0.5118	0.3856	0.0746	0.0751	−0.0117
海南	0.0017	0.0189	0.4149	0.4177	0.0236	0.0293	0.0065
重庆	0.0019	0.0792	0.4308	0.3810	0.1210	0.1433	−0.0441
四川	0.0382	0.1310	0.4320	0.3222	0.1173	0.1316	−0.0527
贵州	0.0038	0.0470	0.6325	0.5173	0.0743	0.0951	−0.0470
云南	0.0072	0.0473	0.6040	0.4405	0.0652	0.0644	−0.0179
西藏	0.0081	0.0184	0.9091	0.7778	0.0237	0.0307	−0.0212
陕西	0.1085	0.2541	0.5950	0.5056	0.1023	0.1332	−0.0738
甘肃	0.0232	0.0907	0.6255	0.5578	0.1358	0.1456	−0.0355
青海	0.0048	0.0518	0.5737	0.4529	0.0469	0.0681	−0.0494
宁夏	0.0015	0.0463	0.6009	0.4099	0.0631	0.0665	−0.0304
新疆	0.0027	0.0220	0.4806	0.4001	0.0398	0.0420	−0.0162

表5-7 "十一五"期间有序度和协同度计算结果

地区	技术创新有序度 2006年	技术创新有序度 2010年	制度创新有序度 2006年	制度创新有序度 2010年	绿色发展有序度 2006年	绿色发展有序度 2010年	协同度
北京	0.5840	0.7219	0.2417	0.2228	0.2405	0.4514	−0.0820
天津	0.1851	0.2716	0.2952	0.3756	0.1458	0.2496	0.0898
河北	0.0609	0.0907	0.2397	0.2215	0.0730	0.1105	−0.0274
山西	0.0671	0.1121	0.3752	0.4318	0.1771	0.2292	0.0510
内蒙古	0.0273	0.0525	0.3607	0.3600	0.0284	0.0326	−0.0041
辽宁	0.1529	0.1844	0.2497	0.2073	0.1043	0.1180	−0.0264

续表

地区	变量						协同度
	技术创新有序度		制度创新有序度		绿色发展有序度		
	2006年	2010年	2006年	2010年	2006年	2010年	
吉林	0.107 4	0.118 6	0.291 3	0.270 2	0.084 0	0.107 8	−0.017 8
黑龙江	0.087 3	0.140 4	0.393 4	0.385 8	0.072 7	0.075 8	−0.010 7
上海	0.235 6	0.351 5	0.311 9	0.344 1	0.598 0	0.744 0	0.081 7
江苏	0.142 9	0.229 0	0.192 3	0.167 9	0.221 2	0.291 3	−0.052 7
浙江	0.115 7	0.200 7	0.229 4	0.217 4	0.326 1	0.421 2	−0.045 9
安徽	0.091 8	0.141 0	0.282 5	0.233 8	0.140 4	0.180 2	−0.045 7
福建	0.082 8	0.124 5	0.296 7	0.292 5	0.136 0	0.165 3	−0.017 4
江西	0.068 7	0.106 7	0.380 3	0.229 5	0.103 9	0.144 6	−0.061 5
山东	0.095 8	0.179 9	0.149 4	0.140 0	0.107 7	0.137 0	−0.028 5
河南	0.055 6	0.096 8	0.253 5	0.155 9	0.081 8	0.098 3	−0.040 5
湖北	0.119 3	0.172 8	0.366 8	0.298 3	0.130 4	0.111 2	−0.041 3
湖南	0.066 5	0.118 4	0.328 4	0.323 8	0.070 9	0.112 7	−0.021 4
广东	0.109 2	0.190 8	0.226 1	0.270 4	0.301 4	0.332 5	0.048 3
广西	0.036 3	0.063 3	0.294 9	0.294 6	0.076 5	0.079 3	−0.002 9
海南	0.021 2	0.034 0	0.335 6	0.252 2	0.031 0	0.033 3	−0.013 5
重庆	0.087 6	0.133 9	0.287 3	0.349 6	0.164 9	0.191 8	0.042 6
四川	0.140 2	0.175 6	0.342 3	0.366 0	0.130 8	0.164 0	0.030 3
贵州	0.056 6	0.074 6	0.432 2	0.417 9	0.100 9	0.127 4	−0.019 0
云南	0.054 3	0.073 7	0.466 2	0.444 7	0.064 0	0.069 0	−0.012 8
西藏	0.019 6	0.034 8	0.651 4	0.691 5	0.032 1	0.037 1	0.014 6
陕西	0.250 3	0.263 5	0.459 5	0.438 9	0.140 1	0.161 2	−0.017 8
甘肃	0.104 2	0.130 3	0.524 6	0.512 2	0.140 8	0.158 1	−0.017 8
青海	0.055 9	0.072 7	0.462 5	0.440 1	0.070 9	0.084 6	−0.017 3
宁夏	0.058 1	0.079 2	0.357 8	0.309 1	0.066 3	0.073 5	−0.019 5
新疆	0.026 3	0.050 0	0.413 4	0.398 8	0.041 2	0.064 4	−0.020 1

第五章 基于生态福利绩效的绿色发展创新驱动机制研究

表 5-8 "十二五"期间有序度和协同度计算结果

地区	变量						协同度
	技术创新有序度		制度创新有序度		绿色发展有序度		
	2011 年	2015 年	2011 年	2015 年	2011 年	2015 年	
北京	0.744 8	0.909 1	0.219 3	0.209 1	0.456 1	0.577 9	−0.059 0
天津	0.285 2	0.421 0	0.337 5	0.222 4	0.256 7	0.322 2	−0.100 8
河北	0.094 4	0.160 4	0.168 4	0.152 4	0.102 7	0.109 2	−0.019 0
山西	0.115 1	0.184 0	0.377 6	0.274 4	0.196 9	0.217 9	−0.053 0
内蒙古	0.058 0	0.104 2	0.319 5	0.370 2	0.032 0	0.037 5	0.023 4
辽宁	0.190 4	0.243 2	0.188 3	0.161 5	0.106 7	0.128 8	−0.031 5
吉林	0.113 7	0.150 9	0.213 0	0.217 1	0.086 4	0.113 6	0.016 0
黑龙江	0.136 0	0.182 0	0.363 8	0.271 4	0.065 1	0.083 1	−0.042 4
上海	0.381 6	0.539 7	0.300 7	0.236 9	0.693 9	0.909 1	−0.129 4
江苏	0.243 9	0.355 1	0.163 0	0.166 8	0.234 7	0.316 2	0.029 5
浙江	0.214 4	0.325 0	0.216 0	0.221 5	0.387 5	0.550 0	0.043 6
安徽	0.148 4	0.253 0	0.203 2	0.191 9	0.153 6	0.192 5	−0.035 9
福建	0.135 2	0.201 7	0.262 9	0.249 4	0.182 4	0.193 4	−0.021 5
江西	0.103 7	0.141 4	0.201 6	0.191 8	0.111 9	0.148 3	−0.023 8
山东	0.200 5	0.309 5	0.123 8	0.113 7	0.123 2	0.147 5	−0.029 9
河南	0.106 6	0.162 0	0.145 7	0.113 8	0.089 2	0.112 2	−0.034 4
湖北	0.180 0	0.255 8	0.253 6	0.207 7	0.103 3	0.143 8	−0.052 1
湖南	0.125 6	0.189 4	0.264 2	0.263 6	0.110 2	0.136 9	−0.010 2
广东	0.212 5	0.331 8	0.207 6	0.166 7	0.322 5	0.341 6	−0.045 4
广西	0.069 3	0.099 3	0.254 9	0.234 0	0.076 8	0.079 6	−0.012 0
海南	0.038 8	0.063 9	0.254 0	0.223 8	0.034 1	0.040 8	−0.017 2
重庆	0.137 3	0.196 4	0.336 6	0.301 9	0.180 1	0.223 5	−0.044 7
四川	0.173 4	0.233 3	0.312 1	0.330 4	0.149 9	0.188 1	0.034 7
贵州	0.074 6	0.080 4	0.392 9	0.478 4	0.111 1	0.087 4	−0.022 7
云南	0.074 1	0.101 4	0.368 5	0.430 5	0.069 0	0.077 1	0.023 9
西藏	0.031 8	0.038 1	0.704 7	0.692 9	0.036 6	0.047 5	−0.009 3

续表

地区	变量						协同度
	技术创新有序度		制度创新有序度		绿色发展有序度		
	2011年	2015年	2011年	2015年	2011年	2015年	
陕西	0.254 5	0.322 6	0.397 4	0.384 9	0.142 7	0.150 7	−0.018 9
甘肃	0.126 5	0.175 3	0.482 3	0.398 8	0.143 9	0.159 8	−0.040 1
青海	0.077 6	0.091 5	0.441 8	0.537 7	0.083 2	0.087 6	0.018 0
宁夏	0.080 9	0.121 6	0.330 9	0.328 0	0.064 7	0.064 4	−0.003 4
新疆	0.053 5	0.079 4	0.338 7	0.434 8	0.061 4	0.066 9	0.023 9

因此，在三个五年规划期间，中国地区的技术创新、制度创新和绿色发展之间协同发展的程度较低，这意味着中国地区尚未形成技术创新、制度创新与绿色发展协同机制。这主要是因为三者协同发展过程中存在"木桶效应"，即某些子系统有序度的"短板"在一定程度上决定了三者整体系统协同发展的水平。从协同度平均值来看，中国地区总体协同度在"十一五"期间有所上升，但在"十二五"期间又降低了。而在三个五年规划期间，协同度逐渐变高的共有11个地区，分别为：北京、安徽、湖南、宁夏、吉林、青海、内蒙古、云南、江苏、四川和浙江。

5.6　本章小结

本章基于生态福利绩效研究了绿色发展创新驱动机制，首先，基于创新理论和创新驱动理论，分析了技术创新、制度创新和绿色发展之间的协同演化关系。理论分析结果表明：技术创新、制度创新和绿色发展之间存在协同演化关系。其次，针对上述协同演化关系，本章在确定度量技术创新和制度创新的方法之后，基于生态福利绩效构建了协同演化关系验证模型，并基于中国31个地区2001—2015年的数据进行实证检验。实证结果表明：技术创新、制度创新和绿色发展之间的协同演化关系基本得到验证。最后，基于复杂系统协同度测量模型，实证分析了技术创新、制度创新和绿色发展之间的协同度。研究结果显示："十五"期间、"十一五"期间和"十二五"期间，中国地区技术创新、制度创新和绿色发展之间协同发展的程度较低，三者尚未形成协同机制；从协同度平均值来看，中国地区总体协同度在"十一五"期间有所上升，但在"十二五"期间有所降低。

第六章

基于生态福利绩效的绿色发展政策建议

党的十八届五中全会将绿色发展作为五大发展理念之一,并提出了实现绿色发展的一系列新措施。这是中国共产党根据国情条件、顺应发展规律作出的正确决策,是中国国家治理理念的一个新高度、一次新飞跃,也是对中国特色社会主义理论乃至人类文明发展理论的丰富和完善。本章将在前面研究的基础上,基于生态福利绩效研究绿色发展提升路径,并主要分析以下问题:中国绿色发展与创新驱动政策的演变特征是什么?如何评估一个地区绿色发展具体的类型?如何提升绿色发展创新驱动能力?本章通过研究上述问题,以期为中国绿色发展的实践提供决策依据。

6.1 绿色发展与创新政策演变分析

在中国,五年规划是政府"有形之手"的重要体现,也是中国特色社会主义市场经济运行的重要手段。五年规划为中国国民经济发展远景确定目标和方向,在促进中国发展方式转型过程中起到重要的指导和推动作用。从20世纪50年代初开始,中国开始制定第一个五年规划,目前已经制定了十四个五年规划。从总体上来看,中国五年规划由经济计划转变为战略规划,由经济计划转向全面发展规划,由黑色发展计划转向可持续发展计划,再转向绿色发展规划(胡鞍钢,2012)。由于前面我们研究的时间跨度为2001—2015年,因此本节基于生态福利绩效视角主要分析"十五""十一五""十二五"以及"十三五"规划中有关绿色发展与创新驱动政策的内容,分析其演变过程。本节相关内容和数据来自中华人民共和国国民经济和社会发展第十、十一、十二和十三个五年计划纲要。

6.1.1 "十五"规划相关政策

在"九五"规划中,中国首次提出了实施可持续发展战略。在"十五"规划中,中国再次明确了实施可持续发展战略是关系中华民族生存和发展的长远大计。"十五"期间,国民经济和社会发展的主要目标是:国民经济保持较快发展速度,经济结构战略性调整取得明显成效,经济增长质量和效益显著提高,为到2010年国内生产总值比2000年翻一番奠定坚实基础;国有企业建立现代企业制度取得重大进展,社会保障制度比较健全,完善社会主义市场经济体制迈出实质性步伐,在更大范围内和更深程度上参与国际经济合作与竞争;就业渠道拓宽,城乡居民收入持续增加,物质文化生活有较大改善,生态建设和环境保护得到加强;科技、教育加快发展,国民素质进一步提高,精神文明建设和民主法制建设取得明显进展。[①]

"十五"规则继续把发展作为主题,坚持把结构调整作为主线,坚持经济和社会协调发展。国民经济和社会发展的主要目标按照宏观调控,经济结构,科技、教育发展,可持续发展,提高人民生活水平五个方面给出预期目标设计,并且内容结构有了清晰的经济、社会、可持续发展三大类区分。经济政策规划从原来的效率优先转变为注重农村经济的全面发展、各地区间的协调发展,以及城乡的共同发展。环境政策则内化于可持续发展规划中,人口、资源和环境篇章强调了人口增长(社会因素)与保护资源、保护环境间的关系,明确提出把改善生态、保护环境作为经济发展和提高人民生活质量的重要内容。同时,坚持把发展作为主题,高度重视经济、社会、人口、生态、环境和科技等因素的协调前进,把贯彻可持续发展战略提高到一个新的水平[②]。

根据《中华人民共和国国民经济和社会发展第十一个五年规划纲要》,本书对"十五"规划中与绿色发展和创新驱动相关指标的实现情况进行统计,具体见表6-1。可见,与绿色发展相关的指标有7个,其中人类福利指标6个,自然消耗指标1个。从完成情况来看,高中阶段教育毛入学率和主要污染物排放总量减少两个指标没有完成。其中,前者目标是60%,而在2005年为53%;而后者目标是年均减少10%,而实际是小于10%的。对创新驱动而言,规划中2005年研究与实验发展经费支出占国内生产总值比重为1.5%,实际上2005年比重为1.3%,而按经济普查前数据,2005年为1.55%。

---

① 《中华人民共和国国民经济和社会发展第十个五年计划纲要》
② 诸大建,刘淑妍.可持续发展的生态限制模型及对中国转型发展的政策意义[J].中国科学院院刊,2014,29(4):416-428.

表 6-1 "十五"规划中绿色发展与创新驱动相关指标及实现情况

类别		指标	2000 年	"十五"目标	2005 年	"十五"年均增长率/%
绿色发展	人类福利	高等教育毛入学率/%	11.5	15	21	—
		高中阶段教育毛入学率/%	42.8	60	53	—
		初中毛入学率/%	88.6	90	95	—
		城镇居民人均可支配收入年均增长率/%	—	5	—	9.6
		农村居民人均纯收入年均增长率/%	—	5	—	5.3
		城镇居民人均住宅建筑面积	20.3 m²	22 m²	26 m²	5.1
	自然消耗	主要污染物排放总量减少/%		[10]	<[10]	
创新驱动		研究与实验发展经费支出占国内生产总值比重/%	0.9	1.5	1.3	—

注：数据来源于《中华人民共和国国民经济和社会发展第十一个五年规划纲要》。[ ]内为五年累计数。

6.1.2 "十一五"规划相关政策

"十一五"规划是在科学发展观指导下的第一个五年规划，要求发展必须是科学发展，要坚持以人为本，转变发展观念、创新发展模式、提高发展质量，落实"五个统筹"，把经济社会发展切实转入全面协调可持续发展的轨道。该规划承认"我国土地、淡水、能源、矿产资源和环境状况对经济发展已构成严重制约"，提出"要把节约资源作为基本国策，发展循环经济，保护生态环境，加快建设资源节约型、环境友好型社会"①。

表 6-2 "十一五"规划中绿色发展与创新驱动相关指标及实现情况

类别		指标	2005 年	规划目标		实现情况	
				2010 年	年均增长/%	2010 年	年均增长/%
绿色发展	人类福利	国民平均受教育年限	8.5 年	9 年	[0.5]	9 年	[0.5]
		城镇基本养老保险覆盖人数	1.74 亿人	2.23 亿人	5.1	2.57 亿人	8.1
		新型农村合作医疗覆盖率/%	23.5	>80	>[56.5]	96.3	[72.8]
		城镇居民人均可支配收入	10 493 元	—	5	19 109 元	9.7
		农村居民人均纯收入	3 255 元	—	5	5 919 元	8.9

① 《中共中央关于制定国民经济和社会发展第十一个五年规划的建议》。

续表

类别		指标	2005年	规划目标		实现情况	
				2010年	年均增长/%	2010年	年均增长/%
绿色发展	自然消耗	单位国内生产总值能源消耗降低/%	—	—	[20]左右	—	[19.1]
		单位工业增加值用水量降低/%	—	—	[30]	—	[36.7]
		农业灌溉用水有效利用系数	0.45	0.5	[0.05]	0.5	[0.05]
		工业固体废物综合利用率/%	55.8	60	[4.2]	69	[13.2]
		耕地保有量	1.22亿公顷	1.2亿公顷	−0.3	1.212亿公顷	−0.13
		主要污染物排放总量减少/% 二氧化硫	—	—	[10]	—	[14.29]
		主要污染物排放总量减少/% 化学需氧量	—	—	[10]	—	[12.45]
		森林覆盖率/%	18.2	20	[1.8]	20.36	[2.16]
创新驱动		研究与实验发展经费支出占国内生产总值比重/%	1.3	2	[0.7]	1.75	[0.45]

注：数据来源于《中华人民共和国国民经济和社会发展第十二个五年规划纲要》。[ ]内为五年累计数。

根据《中华人民共和国国民经济和社会发展第十二个五年规划纲要》，本书对"十一五"规划中与绿色发展和创新驱动相关指标的实现情况进行统计，具体见表6-2。可见，绿色发展相关指标有12个，其中人类福利指标5个，自然消耗指标7个。从完成情况来看，与绿色发展相关的12个指标均得以实现，但是创新驱动指标并未实现。其中，"十一五"目标是研究与实验发展经费支出占国内生产总值比重为2%，年均增长率为0.7%，而实际上2010年该比重为1.75%，年均增长率为0.45%。

6.1.3 "十二五"规划相关政策

"十二五"规划专设"绿色发展建设资源节约型、环境友好型社会"一篇，将绿色发展作为生态建设原则。"十二五"规划成为中国首部绿色发展规划和中国参与世界绿色革命的行动方案规划，成为21世纪上半叶中国绿色现代化的历史起点（胡鞍钢，2012）。根据《中华人民共和国国民经济和社会发展第十三个五年规划纲要》，本书对"十二五"规划中与绿色发展和创新驱动相关指标实现情况进行统计，具体见表6-3。可见，与绿色发展相关的指标有16个，其中人类福利指标8个，自然消耗指标8个。从完成情况来看，与绿色发展相关的 16 个指标均得以实现,而创新驱动有 1 个指标并未实现。其中,"十二五"目标是研究与实验发展经费支出占 GDP 比重为 2.2%,而实际上 2015 年该比重为 2.1%。

表 6-3 "十二五"规划中绿色发展与创新驱动相关指标及实现情况

类别		指标	规划目标		实现情况	
			2015 年	年均增速 [累计]	2015 年	年均增速 [累计]
绿色发展	人类福利	九年义务教育巩固率/%	93	—	93	—
		高中阶段教育毛入学率/%	87	—	87	—
		城镇居民人均可支配收入/元	—	>7%	—	7.7%
		农村居民人均纯收入/元	—	>7%	—	9.6%
		城镇参加基本养老保险人数/亿人	3.57	—	3.77	—
		城乡三项基本医疗保险参保率/%	—	[3]	—	[>3]
		城镇保障性安居工程建设/万套	—	[3 600]	—	[4013]
		人均预期寿命/岁	74.5	—	76.34	—
	自然消耗	耕地保有量/亿亩	18.18	—	18.65	—
		单位工业增加值用水量降低/%	—	[30]	—	[35]
		农业灌溉用水有效利用系数	0.53	—	0.532	—
		非化石能源占一次能源消耗比重/%	11.4	—	12	—
		单位 GDP 能源消耗降低/%	—	[16]	—	[18.2]
		单位 GDP 二氧化碳排放降低/%	—	[17]	—	[20]
		主要污染物排放总量减少/% 化学需氧量 二氧化硫 氨氮 氮氧化物	— 	[8] [8] [10] [10]	— 	[12.9] [18.0] [13.0] [18.6]
		森林增长 森林覆盖率/% 森林蓄积量	 21.66 143 亿立方米	— —	 21.66 151 亿立方米	— —
创新驱动		研究与实验发展经费支出占 GDP 比重/%	2.2	—	2.1	—
		每万人口发明专利拥有量	3.3 件	—	6.3 件	—

注:数据来源于《中华人民共和国国民经济和社会发展第十三个五年规划纲要》。[ ]内为五年累计数。

6.1.4 "十三五"规划相关政策

"十三五"规划指出:坚持创新发展、协调发展、绿色发展、开放发展、共享发展,是关系中国发展全局的一场深刻变革。创新、协调、绿色、开放、共享的新发展理念是具有内在联系的集合体,是"十三五"乃至更长时期中国发展思路、发展方向、发展着力点的集中体现,必须贯穿于"十三五"经济社会发展的各领域各环节。《中华人民共和国国民经济和社会发展第十三个五年规划纲要》长达6.6万字,共分为20篇,涉及经济社会发展的方方面面。与以往相比,绿色发展成为贯彻"十三五"规划纲要通篇的主基调之一。无论是今后5年经济社会发展主要目标的确定,还是各篇章内容的阐述,以及"加快改善生态环境"篇章的专门论述,无一不体现出绿色发展在全面建成小康社会进程中的重要性[①]。此外,"十三五"规划专设一篇"实施创新驱动发展战略",把发展基点放在创新上,以科技创新为核心,以人才发展为支撑,推动科技创新与大众创业、万众创新有机结合,塑造更多依靠创新驱动、更多发挥先发优势的引领型发展。

根据《中华人民共和国国民经济和社会发展第十三个五年规划纲要》,本书对"十三五"规划中与绿色发展和创新驱动相关指标的实现情况进行统计,具体见表6-4。可见,与绿色发展相关的指标有16个,其中人类福利指标6个,自然消耗指标10个。而相比以往,创新驱动指标显著增多,包含研究与试验发展经费投入强度、每万人口发明专利拥有量、科技进步贡献率和互联网普及率等4个指标。

表6-4 "十三五"规划中绿色发展与创新驱动相关指标及实现情况

类别		指标	2015年	2020年	年均增速[累计]
绿色发展	人类福利	居民人均可支配收入增长/%	—	—	>6.5
		劳动年龄人口平均受教育年限/年	10.23	10.8	[0.57]
		农村贫困人口脱贫/万人	—	—	[5 575]
		基本养老保险参保率/%	82	90	[8]
		城镇棚户区住房改造/万套	—	—	[2 000]
		人均预期寿命/岁	—	—	[1]

---

① "十三五"规划中的绿色发展新理念. http://epaper.rmzxb.com.cn/detail.aspx?id=380939.

续表

类别		指标	2015年	2020年	年均增速[累计]
绿色发展	自然消耗	耕地保有量/亿亩	18.65	18.65	[0]
		新增建设用地规模/万亩	—	—	[<3256]
		万元GDP用水量下降/%	—	—	[23]
		单位GDP能源消耗降低/%	—	—	[15]
		非化石能源占一次能源消费比重/%	12	15	[3]
		单位GDP二氧化碳排放降低/%	—	—	[18]
		森林发展 森林覆盖率/%	21.66	23.04	[1.38]
		森林发展 森林蓄积量/亿立方米	151	165	[14]
		空气质量 地级及以上城市空气质量优良天数比率/%	76.7	>80	—
		空气质量 细颗粒物(PM2.5)未达标地级及以上城市浓度下降/%	—	—	[18]
		地表水质量 达到或好于Ⅲ类水体比例/%	66	>70	—
		地表水质量 劣V类水体比例/%	9.7	<5	—
		主要污染物排放总量减少/% 化学需氧量	—	[10]	—
		主要污染物排放总量减少/% 氨氮	—	[10]	—
		主要污染物排放总量减少/% 二氧化硫	—	[15]	—
		主要污染物排放总量减少/% 氮氧化物	—	[15]	—
创新驱动		研究与试验发展经费投入强度/%	2.1	2.5	[0.4]
		每万人口发明专利拥有量/件	6.3	12	[5.7]
		科技进步贡献率/%	55.3	60	[4.7]
		互联网普及率 固定宽带家庭普及率/%	40	70	[30]
		互联网普及率 移动宽带用户普及率/%	57	85	[28]

注：数据来源于《中华人民共和国国民经济和社会发展第十三个五年规划纲要》。[]内为五年累计数。PM2.5未达标指年均值超过35微克/立方米。

6.1.5 四个五年规划相关政策演变

在"九五"规划首次提出实施可持续发展战略之后，"十五"规划再次明确了可持续发展战略，"十一五"规划重点突出了节能和环保的目标，"十二五"规划首次转向绿色发展，而"十三五"规划提出了绿色发展与创新发展的理念。这体

第六章 基于生态福利绩效的绿色发展政策建议

现了中国在不同发展阶段的发展政策演变。在此过程中,绿色发展和创新驱动的演变过程如下:

人类福利指标个数在"十五""十一五""十二五""十三五"规划中分别为6、5、8和6个。相比"十二五"规划,"十三五"规划中指标较少的原因为:教育方面的指标由原来的"九年义务教育巩固率"和"高中阶段教育毛入学率"变为"劳动年龄人口平均受教育年限",而保险方面的指标由"城镇参加基本养老保险人数"和"城乡三项基本医疗保险参保率"变为"基本养老保险参保率"。

在自然消耗方面,相关指标个数在"十五""十一五""十二五""十三五"规划中分别为1、7、8和10个。可见,中国对资源环境越来越重视,而不是单一追求经济发展了。而且中国对资源环境的保护面越来越大,"十三五"规划涉及土地、森林、水、空气、污染物排放和能源消耗等方面。

在创新驱动方面,相关指标个数在"十五""十一五""十二五""十三五"规划中分别为1、1、2和4个。"十五"和"十一五"两个规划中仅有"研究与试验发展经费支出占GDP比重"指标,"十二五"规划中增加了"每万人口发明专利拥有量","十三五"规划中又增加了"科技进步贡献率"和"互联网普及率"两个指标。这意味着中国对创新驱动发展越来越重视,其中创新发展在"十三五"规划中提出的五大发展理念中居于首位。

6.2 绿色发展的国际成功经验借鉴

国外发达国家已有成功的绿色发展经验值得中国合理借鉴。美国是世界上最早开展绿色保护的国家之一,为了明确保护环境责任和应对气候变化,美国先后通过一系列相互配合的重要法案,如《综合环境反应、补偿和责任法》《气候安全法案》《低碳经济法案》《减缓全球变暖法案》《气候责任法案》《全球变暖污染控制法案》《气候责任和创新法案》等。为了促进绿色发展,实现绿色复苏,美国政府推出了大量政策措施,推动经济向清洁能源型经济转型,可以总结归纳为以下几个方面:注重节能增效,美国在《美国清洁能源与安全法案》中提出要制定更高的工业、建筑、照明、家电、交通能效标准,推广建筑能效标识,发展智能交通,实施公共部门节能计划,补贴旧房改造,奖励电力和热能回收,推进合同能源管理等,达到提高能源使用效率的目的;发展清洁能源及相关设备制造业;控制温室气体排放,应对气候变化;建立推进清洁能源经济转型的市场机制,包括建立总量控制与排放交易机制和设立抵消交易制度;制定相关法律法规。

低碳经济是英国政府在2003年发布的能源白皮书《我们能源的未来:创建低碳经济》中提出的。当时,英国政府提出其总体目标是:到2050年,二氧化碳的排放量比1990年削减60%。低碳经济是低能耗、低污染、低排放的经济模式,以降低温室气体排放为主要焦点,以建立低碳能源系统、低碳技术体系和低碳产业结构为基础,以低排放、高能效、高效率为特征,以制定低碳政策、开发利用低碳技术和产品、采取减缓和适应气候变化的相关措施为核心内容。其实质是提高能源效率和解决清洁能源结构问题。2009年,英国发布"低碳工业战略",重点在建筑、电力、交通与重工业等领域。经过多年努力,2013年,英国有46万人在低碳部门工作,预计2020年该数字将达到120万。作为全球应对气候变化的领军者,低碳环保在经济上属典型的外部性问题,私有企业普遍不感兴趣。对于低碳环保英国政府大力倡导:一方面立法,并在2008年出台了《气候变化法案》,成为第一个有综合气候变化立法的国家;另一方面,英国利用其金融创新的优势,在气候变化领域进行了大量投资,积极推动低碳生产,如成立"英国绿色投资银行",旨在引进和鼓励更多的私有资本投入绿色经济领域,从而促进英国的绿色经济转型[①]。

以"零碳"为目标的"丹麦绿色发展"模式已经成为全球探寻能源供应和安全最成功的"实验室",这充分证明了人类只要选对了正确的发展路径,完全有可能彻底打破能源瓶颈对社会经济发展的制约。丹麦绿色发展成功的关键在于以下几个方面:一是政策先导。丹麦政府把发展低碳经济置于国家战略高度,制定了适合本国国情的能源发展战略。如为了推动零碳经济,丹麦政府采取了一系列政策措施,其中极具代表性的是发布于1976年的"丹麦能源政策"。二是立法护航。在丹麦的可持续发展进程中,立法机构和政府始终扮演着非常重要的角色,他们主要是从立法入手,通过经济调控和税收政策来为可持续发展保驾护航,成为欧盟第一个真正进行绿色税收改革的国家。自1993年通过环境税收改革的决议以来,丹麦逐渐形成了以能源税为核心,包括水、垃圾、废水、塑料袋等16种税收的环境税体制,而能源税的具体举措则包括从2008年开始提高现有的二氧化碳税和从2010年开始实施新的氮氧化物税标准。三是

---

① 董必荣.国外绿色发展模式借鉴:以英国为例[J].毛泽东邓小平理论研究,2016(11):72-76,92.

公私合作。丹麦绿色发展战略的基础是公私部门和社会各界之间的有效合作。国家和地区在发展绿色大型项目时,在商业中融合自上而下的政策和自下而上的解决方案。这种公私合作可以有效促进领先企业、投资人和公共组织在绿色经济增长中取长补短,更高效地实现公益目标。哥本哈根将于 2025 年建成全球第一个零碳首都;第二大城市奥胡斯将于 2030 年实现碳中和;南部森讷堡地区致力于于 2029 年建成零碳社区"零碳项目",以上均是公私合作的典型案例。四是技术创新。绿色技术创新尝试主要集中在"节流"和"开源"两大方面。"节流"方面:提高能效,在社会上尽所有可能减少不必要浪费,工作、生产和生活环节厉行节约,已经成为丹麦的共识和行为准绳。"开源"方面:在丹麦人看来,绿色能源是紧跟"能效"之后的"第二能源",应积极开发可再生能源[①]。

上述国际绿色发展成功的经验说明,推进绿色发展首先要建立健全的政策法规,要立法先行,严格监管,综合利用各种政策工具,统筹规划绿色发展。其次要强化技术创新在绿色发展中的引擎作用。此外,绿色发展是个系统工程,需要社会公众积极参与。对于中国绿色发展,我们应该实事求是地学习和借鉴国外绿色发展的做法和经验,不能直接将其移植过来,而应将其与中国实际情况结合,通过本地化转化、改造和吸收,特别与绿色发展的总目标、总部署结合起来,加速推进中国绿色发展。

6.3　绿色发展类型评估与改进路径

绿色发展目标是实现"高福利,低消耗",为此,本书接下来基于自然消耗水平和人类福利水平这两个维度,对中国区域绿色发展进行评估。本书将人类福利水平划分的临界值选取为 0.800 0,即人类福利水平大于等于 0.800 0 为高福利,否则为低福利。根据《2015 年中国城市可持续发展报告》研究方法,本书将自然消耗水平划分的临界值选取为区域自然消耗的平均值,即自然消耗水平小于平均值为低消耗,否则为高消耗。根据自然消耗和人类福利水平划分标准,可将区域绿色发展状况具体分为四种类型:"高福利,低消耗""高福利,高消耗""低福利,低消耗""低福利,高消耗"。

"高福利,低消耗"是区域绿色发展的较理想的状态,表现为人类福利水平

---

① 车巍. 丹麦绿色发展经验对我国生态文明建设的借鉴意义[J]. 世界环境,2015 (5):28-31.

达到较高的水平,而自然消耗保持在一个较低水平。根据上述划分标准,可以得到"十五""十一五"和"十二五"末(即 2005、2010 和 2015 年)的区域分类,具体结果如表 6-5 所示。可见:在 2005 年,中国 31 个区域中没有一个地区属于该类型,2010 年只有北京一个地区,2015 年增加为北京、天津和上海三个地区。该类型区域是绿色发展的较理想状态,自然消耗投入与人类福利水平产出的相对效率较高,但仍有提升的空间。该类型区域一方面应维持和提高现有的人类福利水平,另一方面应通过提高效率来减少自然消耗,通过控制物质规模和限制空间来实现该区域的优化发展。

"高福利,高消耗"类型区域表现为区域人类福利水平已经达到较高水平,而自然消耗也超过了适度范围。由表 6-5 可知,在"十五""十一五"和"十二五"末,中国 31 个地区中没有地区属于该类型。该类型区域在保持和提高人类福利水平的前提下,可通过经济结构转型、利用可再生能源、优化能源使用效率等方式降低自然消耗水平,将区域的发展转型为"高福利,低消耗"。

"低福利,低消耗"类型区域表现为自然消耗与人类福利水平都比较低,属于欠绿色发展区域。在 2005 年,有 19 个地区属于该类型,分别为北京、天津、山西、辽宁、上海、江苏、浙江、安徽、福建、江西、山东、河南、湖北、广东、重庆、四川、贵州、陕西和甘肃。在 2010 年,有 19 个地区属于该类型,分别为天津、河北、山西、辽宁、上海、江苏、浙江、安徽、福建、江西、山东、湖北、湖南、广东、重庆、四川、贵州、陕西和甘肃。在 2015 年,有 16 个地区属于该类型,分别为山西、辽宁、江苏、浙江、安徽、福建、江西、山东、河南、湖北、湖南、广东、重庆、四川、陕西和甘肃。该类型的区域应提高经济发展的质量,加大教育、医疗卫生等方面的投入,解决居民教育、健康等问题,合理调节收入分配,不断提高人类福利水平。但在经济发展过程中,应保证自然消耗投入和人类福利水平提高的脱钩关系。

"低福利,高消耗"类型区域表现为区域人类福利水平较低,而自然消耗水平较高。该类型是绿色发展的最不理想的状态。在 2005 年,该类型的地区有 12 个,分别为河北、内蒙古、吉林、黑龙江、湖南、广西、海南、云南、西藏、青海、宁夏和新疆。在 2010 年,该类型的地区有 11 个,分别为内蒙古、吉林、黑龙江、河南、广西、海南、云南、西藏、青海、宁夏和新疆。在 2015 年,该类型的地区有 12 个,分别为河北、内蒙古、吉林、黑龙江、广西、海南、贵州、云南、西藏、青海、宁夏和新疆。该类型的区域应通过经济结构转型、利用可再生能源、优化能源使用效率等方式降低自然消耗水平,同时应解决教育、卫生和居民收入等社会问题,不断提高人类福利水平。

表 6-5 中国绿色发展类型分类

类型	时间		
	2005 年	2010 年	2015 年
高福利,低消耗	—	北京	北京、天津、上海
高福利,高消耗	—	—	—
低福利,低消耗	北京、天津、山西、辽宁、上海、江苏、浙江、安徽、福建、江西、山东、河南、湖北、广东、重庆、四川、贵州、陕西、甘肃	天津、河北、山西、辽宁、上海、江苏、浙江、安徽、福建、江西、山东、湖北、湖南、广东、重庆、四川、贵州、陕西、甘肃	山西、辽宁、江苏、浙江、安徽、福建、江西、山东、河南、湖北、湖南、广东、重庆、四川、陕西、甘肃
低福利,高消耗	河北、内蒙古、吉林、黑龙江、湖南、广西、海南、云南、西藏、青海、宁夏、新疆	内蒙古、吉林、黑龙江、河南、广西、海南、云南、西藏、青海、宁夏、新疆	河北、内蒙古、吉林、黑龙江、广西、海南、贵州、云南、西藏、青海、宁夏、新疆

6.4 绿色发展创新驱动的提升路径

6.4.1 技术创新水平现状

根据第 5 章技术创新度量方法,可以得到 2001—2015 年中国 31 个区域的技术创新水平。由计算结果可见:在 2001 年,技术创新水平最高的三个地区依次为北京、陕西和四川,分别为 0.066 2、0.029 5 和 0.010 4,而技术创新水平最低的三个地区依次为浙江、内蒙古和山东,分别为 0.000 256、0.000 281 和 0.000 326;在 2015 年,技术创新水平最高的三个地区依次为北京、上海和天津,分别为 0.247 2、0.146 8 和 0.114 5,技术创新水平最低的三个地区依次为西藏、海南和新疆,分别为 0.010 4、0.017 4 和 0.021 6。表 6-6 是 2001—2015 年中国 31 个地区技术创新水平年均增长率,由此表可知:技术创新水平年均增长率最高的地区是浙江,为 126.854 6%;最低的地区是陕西,为 8.834 5%。

表 6-6　2001—2015 年中国区域技术创新水平年均增长率

地区	年均增长率/%	地区	年均增长率/%
浙江	126.854 6	青海	34.979 9
广东	109.549 5	河北	32.487 1
山东	107.621 1	河南	32.135 7
福建	103.839 4	新疆	30.837 9
宁夏	73.461 1	湖北	30.181 9
重庆	69.755 6	山西	27.932 1
广西	67.998 0	辽宁	27.575 8
湖南	62.525 0	上海	24.558 6
内蒙古	52.846 9	云南	23.538 8
天津	50.923 6	吉林	19.978 9
黑龙江	48.903 0	甘肃	17.022 1
江西	45.913 9	四川	15.182 8
江苏	41.664 0	西藏	12.696 7
贵州	36.825 7	北京	10.582 2
安徽	36.678 5	陕西	8.834 5
海南	35.056 9	—	—

而三个不同时期区域技术创新水平增长率如表 6-7 所示,可见:在"十五"期间,技术创新水平增长率最高的地区为浙江,而增长率最低的地区是北京;在"十一五"和"十二五"期间,增长率最高的地区是内蒙古,而相应的增长率最低的地区分别为陕西和贵州;在三个不同时期,所有地区在"十五"期间的技术创新水平增长率均为最大;相比"十一五"期间,在"十二五"期间,部分地区的技术创新水平增长率在增加,也有部分地区在降低。关于区域技术创新水平,接下来,我们将地区分为东部、中部和西部进行比较分析。根据区域技术创新水平的计算结果,可进一步得到 2001—2015 年东部、中部和西部地区的技术创新水平分别为 0.783 9、0.406 8 和 0.336 3,东部地区技术创新水平最高,中部地区次之。从增长速度来看,东部地区技术创新水平 15 年间平均增长率为 101.577 3,中部地区为 37.910 1,而西部地区增速最低为 37.271 5。

表 6-7　三个不同时期区域技术创新水平增长率

地区	"十五"时期区域技术创新水平增长率/%	"十一五"时期区域技术创新水平增长率/%	"十二五"时期区域技术创新水平增长率/%
北京	120.855 1	23.629 6	22.054 6
天津	2136.641 2	46.773 1	47.631 1
河北	777.291 5	49.052 5	69.959 5
山西	533.568 3	66.994 0	59.803 3
内蒙古	2075.214 5	92.051 0	79.462 9
辽宁	711.288 2	20.654 7	27.753 3
吉林	453.549 0	10.387 8	32.695 7
黑龙江	1526.012 9	60.927 6	33.791 7
上海	488.078 8	49.154 5	41.403 1
江苏	1485.803 7	60.247 6	45.589 7
浙江	9163.219 6	73.419 7	51.992 3
安徽	1070.468 6	53.675 8	70.699 4
福建	5561.160 7	50.481 8	49.149 7
江西	1865.813 9	55.240 3	36.442 1
山东	6448.112 5	87.842 1	54.364 2
河南	724.861 4	73.995 5	51.910 7
湖北	802.632 6	44.851 9	42.145 4
湖南	2663.651 0	77.894 9	50.804 6
广东	3955.011 4	74.727 7	56.150 9
广西	2273.404 4	74.307 6	43.244 6
海南	999.463 7	60.618 7	64.943 1
重庆	4108.984 2	52.906 5	43.045 4
四川	243.118 6	25.240 1	34.527 7
贵州	1131.361 7	31.733 2	7.770 4
云南	552.099 8	35.842 2	36.975 6
西藏	126.463 9	77.894 7	19.830 9
陕西	134.132 6	5.259 2	26.759 5

续表

地区	"十五"时期区域技术创新水平增长率/%	"十一五"时期区域技术创新水平增长率/%	"十二五"时期区域技术创新水平增长率/%
甘肃	290.297 0	25.113 1	38.598 4
青海	980.169 1	30.173 1	17.875 9
宁夏	2920.713 7	36.417 0	50.205 8
新疆	718.119 3	91.268 7	48.406 8

6.4.2 制度创新水平现状

根据第 5 章制度创新度量方法,可以得到 2001—2015 年中国 31 个区域的制度创新水平。由计算结果可见:在 2001 年,制度创新水平最高的三个地区依次为西藏、贵州和甘肃,分别为 0.946 6、0.658 5 和 0.651 3,而制度创新水平最低的三个地区依次为广东、天津和浙江,分别为 0.347 4、0.352 8 和 0.632;在 2015 年,制度创新水平最高的三个地区依次为西藏、青海和贵州,分别为 0.721 5、0.559 9 和 0.498 1,制度创新水平最低的三个地区依次为山东、河南和河北,分别为 0.118 3、0.118 5 和 0.158 7。表 6-8 是 2001—2015 年中国 31 个地区制度创新水平的年均增长率,由此表结果可知:所有地区在 2001—2015 年间的制度创新水平年均增长率均为负数,因此,平均而言,所有地区的制度创新水平均在降低,其中年均增长率减幅最小的地区是青海,其年均增长率为 −0.091 5%;而年均增长率减幅最大的地区是河南,其年均增长率为 −9.551 6%。

表 6-8 2001—2015 年中国区域制度创新水平年均增长率

地区	年均增长率/%	地区	年均增长率/%
青海	−0.091 5	湖南	−3.855 5
新疆	−0.269 8	广东	−4.240 9
西藏	−1.578 8	黑龙江	−4.514 2
四川	−1.615 8	北京	−4.697 5
贵州	−1.688 2	山西	−4.702 7
天津	−2.023 5	广西	−5.111 0
内蒙古	−2.045 3	吉林	−5.367 5
云南	−2.057 3	江苏	−5.695 7

续表

地区	年均增长率/%	地区	年均增长率/%
重庆	-2.091 1	河北	-5.950 2
上海	-2.215 5	湖北	-6.304 0
福建	-2.337 3	江西	-6.376 7
陕西	-2.960 4	安徽	-6.446 7
浙江	-2.998 2	辽宁	-7.148 7
海南	-3.021 8	山东	-8.178 5
甘肃	-3.025 3	河南	-9.551 6
宁夏	-3.223 2	—	—

三个不同时期区域制度创新水平增长率如表6-9所示,可见:在"十五"和"十一五"期间,制度创新水平增长率最高的地区均为天津,增长率最低的地区分别是山东和江西;在"十二五"期间,增长率最高的地区是新疆,增长率最低的地区是天津。关于区域制度创新水平,接下来,我们将地区分为东部、中部和西部进行比较分析。根据区域制度创新水平计算结果,可进一步得到2001—2015年东部、中部和西部地区的制度创新水平分别为4.080 7、5.036 0和6.852 7,东部地区制度创新水平最低,中部地区次之。从增长速度来看,东部地区制度创新水平15年间平均增长率为-49.627 7%,中部地区为-58.018 7%,而西部地区增速最低,为-28.773 3%。

表6-9 三个不同时期区域制度创新水平增长率

地区	"十五"时期区域制度创新水平增长率/%	"十一五"时期区域制度创新水平增长率/%	"十二五"时期区域制度创新水平增长率/%
北京	-40.982 6	-7.829 4	-4.685 4
天津	12.099 8	27.250 9	-34.108 9
河北	-27.629 5	-7.609 6	-9.484 4
山西	-28.446 0	15.088 5	-27.322 7
内蒙古	-12.863 6	-0.186 9	15.858 6
辽宁	-38.987 9	-16.964 1	-14.211 7
吉林	-32.487 5	-7.251 6	1.902 8
黑龙江	-18.219 9	-1.910 5	-25.407 9

续表

地区	"十五"时期区域制度创新水平增长率/%	"十一五"时期区域制度创新水平增长率/%	"十二五"时期区域制度创新水平增长率/%
上海	−9.685 8	10.335 7	−21.201 3
江苏	−42.069 4	−12.650 1	1.737 1
浙江	−26.596 5	−5.210 4	2.114 2
安徽	−35.868 2	−17.246 1	−5.572 0
福建	−15.073 7	−1.439 4	−5.148 3
江西	−24.444 0	−39.648 3	−4.876 2
山东	−57.312 2	−6.286 5	−8.208 0
河南	−38.463 0	−38.484 9	−21.885 8
湖北	−32.395 4	−18.680 3	−18.098 5
湖南	−25.966 6	−1.374 3	−0.239 0
广东	−19.242 1	19.601 6	−19.723 2
广西	−24.571 0	−0.109 8	−8.172 5
海南	0.677 6	−24.848 2	−11.865 6
重庆	−11.546 4	21.680 7	−10.306 6
四川	−25.426 1	6.914 1	5.846 3
贵州	−18.205 4	−3.313 4	21.760 6
云南	−27.071 7	−4.622 0	16.657 2
西藏	−14.446 8	6.166 7	−1.668 0
陕西	−15.016 8	−4.430 5	−3.138 8
甘肃	−10.818 2	−2.367 0	−17.305 2
青海	−21.056 4	−4.850 6	21.722 3
宁夏	−31.697 9	−13.626 8	−0.861 1
新疆	−16.742 4	−3.541 1	28.357 9

6.4.3 创新驱动提升路径

根据前面中国四个"五年"规划中绿色发展与创新驱动政策的演变可知,绿色发展与创新驱动是未来中国经济发展的主基调。而根据第 5 章 5.3.1 节和

5.3.2节的研究结果可知:技术创新和制度创新对提升绿色发展水平具有促进作用,而中国技术创新与制度创新水平有待进一步提高,并且东部、中部和西部地区创新水平不均衡。此外,技术创新、制度创新和绿色发展的协同程度较低。因此,在绿色发展过程中,应通过以下途径提升绿色发展的创新驱动能力。

6.4.3.1 技术创新提升路径

在绿色发展过程中,完善的技术创新支持体系是维持区域持续创新的关键,也是保证区域内部结构不断优化、可持续发展的辅助条件。因此,需完善区域技术创新的支持体系和服务体系,积极构建、完善区域技术创新人才支撑体系、研发经费支撑体系和公共技术和资源共享平台等支持体系,并从科技投入、金融支持、人才建设和知识产权保护等方面进行优化。

此外,应通过优化竞争环境、加强区域间技术合作交流等途径,提升技术创新的区域间溢出效应,解决区域间技术创新水平不均衡问题,如构建区域创新网络。在该创新网络中,企业的优异表现能够激励周边的同行业企业,而创新形式主要体现为组织间知识转移所产生的网络式创新。区域间的知识转移和技术扩散能够有效降低创新固定成本和技术扩散成本,缩小区域间技术创新水平差距,进而提升整体的技术创新水平。

6.4.3.2 制度创新提升路径

国外绿色发展成功经验显示,推进绿色发展首先需要立法。因此,可通过加强自然资源与环境保护的立法,制定经济发展与环境保护相互协调的政策法规。此外,亦需通过环境保护意识的制度安排,提高社会公众的环境知识,培养社会公众的环境价值观。

鉴于制度创新与技术创新的相互作用机制,应通过制度创新推动技术创新。如完善市场机制,注重发挥市场在资源配置中的决定性作用,以合理的资源配置促进技术创新;建立以鼓励创新为导向的评价激励机制,加大对技术成果转化企业和科研人员的股权激励,切实建立和落实容错机制,调动科研机构和人员技术创新和实施技术成果转化的积极性。

根据绿色发展测度模型等相关研究成果,启动和完善区域绿色发展评估制度,构建生态福利绩效评价机制,进行区域之间的比较和考核。这样有利于避免从单一的GDP视角进行比较和考核,进而有利于遏制环境污染,从而实现居民福利最大化。

6.4.3.3 协同创新提升路径

绿色发展过程中,技术创新与制度创新协同有助于提高绿色发展水平。基于技术创新和制度创新协同的绿色发展体系必然是一个由多元主体参与的开放性的、动态性的体系。因此,应构建一个致力于创新协同的,由政府、企业、科研机构、社会大众等多元主体共同参与的绿色发展体系。绿色发展的协同创新是一项系统工程,协同是方式,创新是途径,而绿色发展是目的,其根本是机制体制的创新。政府在多元主体的绿色发展体系中应发挥牵头作用,营造有利于协同创新的环境,深化多方协同合作机制,进而产生"1+1+1>3"的协同效应。

具体可通过以下途径提升协同创新水平:一是政府推动创新载体建立。政府应根据绿色发展总体战略布局整合资源,积极推动科技园、战略性新兴产业创新中心、产业技术研究机构和协同创新中心等建设或认定。二是积极开展各类产学研对接交流活动,鼓励引导企业和高校院所开展协同创新,组织实施产学研联合攻关项目,打造产学研协同创新基地。如企业、高校和科研机构遵循市场需求和各方的共同利益,以提升产业技术创新水平为目标,以法律约束为保障,形成联合开发、优势互补、利益共享、风险共担的协同创新组织。

6.5 本章小结

本章基于生态福利绩效研究绿色发展的政策建议。首先,对中国"十五""十一五""十二五"和"十三五"四个五年规划中与绿色发展和创新驱动相关的政策演变进行分析。分析结果显示:与绿色发展和创新驱动相关的指标逐渐增多,而且逐步全面,更加突出创新驱动发展理念。其次,基于人类福利水平和自然消耗水平两个维度,提出了绿色发展类型评估模型,将绿色发展分为四种类型:"高福利,低消耗""高福利,高消耗""低福利,低消耗""低福利,高消耗",并针对每种类型提出了相关的改进路径。最后,根据本章及前文研究结果,提出了技术创新、制度创新和协同创新的相关政策建议。

第七章

结论与展望

生态环境是人类赖以生存和发展的基础,是社会经济发展繁荣的物质源泉。自改革开放以来,中国社会经济取得了持续快速的发展,人们的生活水平得到了不断的提高。与此同时,也产生了资源衰竭、环境污染、生态退化等一系列问题,严重地制约了中国社会经济的可持续发展。针对此,中国"十三五"规划指出:坚持创新发展、协调发展、绿色发展、开放发展、共享发展是关系中国发展全局的一场深刻变革。针对创新发展与绿色发展,本书在已有研究基础上,基于生态福利绩效视角研究了中国绿色发展的创新驱动机制,得出了一些有意义的结论,弥补了现有研究的不足之处。本研究得到了江苏省2015年度普通高校研究生科研创新计划项目:区域生态福利绩效及其创新驱动机制研究(项目编号:KYZZ15_0075)的资助,本书中的研究内容也是该项目的研究成果。

7.1 研究结论

针对现有研究存在的问题,本书基于生态福利绩效视角对中国绿色发展的创新驱动机制进行了研究,研究得到的主要结论如下:

(1) 绿色发展的内涵界定

本书从中国传统文化中"天人合一"思想、马克思主义、生态马克思主义以及可持续发展理论等方面梳理了绿色发展的理论基础。在此基础上,本书将绿色发展界定为:绿色发展是最小化自然消耗和最大化人类福利的一种发展模式,即在经济活动中用最小量的自然消耗获得最大化的人类福利。

(2) 基于对象—过程—主体的绿色发展机制

绿色发展对象:绿色发展包含环境、经济和社会三个方面,需处理好三者间的关系。绿色发展过程:绿色发展要求从被动地应对事后污染处理,转化为主动的预防式的经济发展。绿色发展主体:绿色发展涉及的主体包括政府、企业和个人,绿色发展本质上是通过发展模式的变革实现不同主体价值共享的过程。

(3) 基于生态福利绩效的绿色发展测度方法

本书在阐述生态福利绩效作为绿色发展的一种新的分析工具的基础上,提出了采用人类福利水平与自然消耗水平之比作为绿色发展水平测度方法的诊断。并基于中国2001—2015年31个地区的数据对绿色发展的现状、影响因素和脱钩现状以及绿色发展与经济增长之间的关系进行实证分析。绿色发展影响因素分析结果显示:在中国区域绿色发展方面,技术效应起到驱动作用,而服务效应起到抑制作用。绿色发展脱钩分析显示:中国区域人类福利水平与自然消耗水平脱钩关系呈现良好的趋势。中国区域绿色发展与经济增长之间存在N型关系,即在经济增长速度不断提高的过程中,绿色发展水平先提升再降低,之后又提升。

(4) 技术创新、制度创新和绿色发展协同演化关系

本书基于创新理论和创新驱动理论,分析了技术创新、制度创新和绿色发展之间的关系。理论分析结果表明:技术创新、制度创新和绿色发展之间存在协同演化关系。同时,本书基于生态福利绩效构建了协同演化关系验证模型。验证模型实证结果表明:技术创新、制度创新和绿色发展之间的协同演化关系基本得到验证。此外,本书基于复杂系统协同度测量模型,实证分析了技术创新、制度创新和绿色发展之间的协同度。研究结果显示:"十五"期间、"十一五"期间和"十二五"期间,中国地区技术创新、制度创新和绿色发展之间协同发展的程度较低,三者尚未形成协同机制;从协同度平均值来看,中国地区总体协同度在"十一五"期间有所上升,但在"十二五"期间有所降低。

(5) 绿色发展的创新驱动提升路径

中国"十五""十一五""十二五"和"十三五"四个五年规划中与绿色发展和创新驱动相关的政策演变分析结果显示:与绿色发展和创新驱动相关的指标逐渐增多,而且逐步全面,更加突出创新驱动发展理念。本书基于人类福利水平和自然消耗水平两个维度,提出了绿色发展类型评估模型,将绿色发展分为四种类型:"高福利,低消耗""高福利,高消耗""低福利,低消耗""低福利,高消耗",并提出了各类型改进路径,以及技术创新、制度创新和协同创新的相关政策建议。

7.2 研究展望

本书基于生态福利绩效视角对绿色发展创新驱动机制进行了深入的研究,得到了一些较为深刻的结论。但是,本书在一定程度上只是进行了初步探索性研究,还有很多问题有待进一步深入研究。

(1) 本书在研究绿色发展创新驱动时,仅考虑两种类型创新:技术创新和制度创新。而创新驱动社会发展的实践形式包含三种:技术创新、制度创新和知

识创新。因此,未来在研究绿色发展创新驱动机制时,可同时研究技术创新、制度创新和知识创新对绿色发展的影响。

(2) 目前,学者们从国家层面研究了生态福利绩效的相关影响因素。因此,未来研究可在本书对绿色发展测度研究的基础上,进一步基于区域层面的数据研究中国生态福利绩效的相关影响因素,即中国绿色发展的影响因素,以及它们对绿色发展是具有正向作用还是负向作用。

(3) 本书从区域层面研究绿色发展创新驱动机制。未来研究可借鉴本书的研究思路,基于生态福利绩效研究其他方面的绿色发展创新驱动机制,如工业的绿色发展、产业的绿色发展等问题。

(4) 目前,对技术创新和制度创新有许多不同的测度方法。未来有关技术创新与制度创新的研究可采用与本书研究不同的方法,以期检验绿色发展、技术创新与制度创新的协同演化关系是否仍旧成立。

参考文献

Acemoglu D, Johnson S, Robinson J A, 2012. The colonial origins of comparative development: An empirical investigation: Reply[J]. American Economic Review, 102(6): 3077-3110.

Alfsen K H, Bye T, Lorentsen L, 1987. Natural resource accounting and analysis [M]. Oslo: Statistisk sentralbyrå.

Amsden A H, 2010. Say's law, poverty persistence, and employment neglect[J]. Journal of Human Development and Capabilities, 11(1):57-66.

Ang B W, 2004. Decomposition analysis for policymaking in energy: Which is the preferred method? [J]. Energy Policy, 32(9):1131-1139.

Arthur W, 1994. Increasing returns and path dependence in the economy [M]. Ann Arbor: University of Michigan Press.

Bebbington A J, Bury J T, 2009. Institutional challenges for mining and sustainability in Peru[J]. Proceedings of the National Academy of Sciences of the United States of America, 106(41):17296-17301.

Binder M, 2013. Innovativeness and subjective well-being[J]. Social Indicators Research, 111(2):561-578.

Bob H, Lee K M, 1991. Green index: A state-by-state guide to the nation's environmental health [M]. Washington D. C. : Island Press.

Boekema F, Morgan K, Bakkers S, et al. , 2000. Knowledge, innovation and economic growth [M]. Cheltenham: Edward Elgar Publishing.

Brunnermeier S B, Cohen M A, 2003. Determinants of environmental innovation in US manufacturing industries[J]. Journal of Environmental Economics and Management, 45(2):278-293.

Böhringer C, Jochem P E P, 2007. Measuring the immeasurable: A survey of sustainability indices[J]. Ecological Economics, 63(1):1-8.

Carraro C, Siniscaico D, 1994. Environmental policy reconsidered: The role of technological innovation[J]. European Economic Review, 38(3/4):545-554.

Carrión-Flores C E, Innes R, 2010. Environmental innovation and environmental performance[J]. Journal of Environmental Economics and Management, 59(1):27-42.

Carroll M S, McKetta C W, Blatner K A, et al. , 1999. A response to

"Forty years of spotted owls? A longitudinal analysis of logging industry job losses"[J]. Sociological Perspectives, 42(2):325-333.

Ciegis R, Ramanauskiene J, Startiene G, 2009. Theoretical reasoning of the use of indicators and indices for sustainable development assessment[J]. Engineering Economics, 63(3).

Coe DT, Helpman E, 1995. International r&d spillovers[J]. European Economic Review, 39(5):859-87.

Collier P, 2007. Poverty reduction in Africa [J]. Proceedings of the National Academy of Sciences, 104(43):16763-16768.

Common M, 2007. Measuring national economic performance without using prices[J]. Ecological Economics, 64(1):92-102.

Cummins R A, Hunter B, Davern M, et al., 2003. The Australian unity wellbeing index: An overview [J]. Social Indicators Network News, 76:1-4.

Daly H E, 1997. Georgescu-roegen versus solow/stiglitz[J]. Ecological Economics, 22(3):261-266.

Daly H E, 2005. Economics in a full world[J]. Scientific American, 293(3):100-107.

Daly H E, Cobb J B, 1989. For the common good: Redirecting the economy towards community, the environment and a sustainable future [M]. Boston: Beacon Press.

Davis L E, North D C, 1988. Institutional Change and American Economic Growth[M]. London: Cambridge University Press.

Dietz T, Rosa E A, York R, 2009. Environmentally efficient well-being: Rethinking sustainability as the relationship between human well-being and environmental impacts [J]. Human Ecology Review, 6:114-123.

Dietz T, Rosa E A, York R, 2012. Environmentally efficient well-being: Is there a kuznets curve? [J]. Applied Geography, 32(1):21-28.

Dobbie M J, Dail D, 2013. Environmental indices [J]. Encyclopedia of Environmetrics, 2(1):862-864.

Dolan P, Metcalfe R, 2012. The relationship between innovation and subjective wellbeing[J]. Research Policy, 41(8):1489-1498.

Elena F, Venera Z, Timur S, et al. , 2015. Universities as a driving force of economic development in the creation of innovation system of Russia[J]. Procedia Economics and Finance, 23:1662-1665.

Engelbrecht H J, 2014. A general model of the innovation-subjective well-being nexus[J]. Journal of Evolutionary Economics, 24(2):377-397.

Enos J L,1962. Invention and innovation in the petroleum refining industry[M]//Nelson. The rate and direction of inventive activity:Economic and social factors. Princeton:Princeton University Press.

Esty D C, Levy M A, Srebotnjak T, et al. , 2008. Pilot 2006 environmental performance index [R]. New Haven: Yale Center for Environmental Law & Policy.

Fagerberg J, Srholec M, Verspagen B, 2010. Innovation and economic development [M]//Hall B H. Handbook of the economics of innovation. Amsterdam: Elsevier.

Fagerberg J, Verspagen B, 2007. Innovation,growth and economic development:Have the conditions for catch-up changed? [J]. International Journal of Technological Learning, Innovation and Development, 1(1):13.

Freeman C, 1973. Predicting technology[J]. Nature, 246(5427):48.

Garbaccio R F, Ho M S, Jorgenson D W, 1999. Why has the energy-output ratio fallen in China? [J]. The Energy Journal, 20(3):63-91.

Garrone P, Grilli L, 2010. Is there a relationship between public expenditures in energy R&D and carbon emissions per GDP? An empirical investigation[J]. Energy Policy, 38(10):5600-5613.

Gohlke J M, Portier C J, 2007. The forest for the trees:A systems approach to human health research[J]. Environmental Health Perspectives, 115(9):1261-1263.

Goodland R, 1995. The concept of environmental sustainability[J]. Annual Review of Ecology and Systematics, 26:1-24.

Grossman G M, Krueger A B, 1991. Environmental impacts of a North American free trade agreement[R]. National Bureau of Economic Research.

Hall J, Giovannini E, Morrone A, et al. , 2010. A framework to measure the progress of societies[R]. OECD Statistics Working Papers.

Hartmann D, Pyka A, 2013. Innovation, economic diversification and human development [R]. FZID Discussion Papers.

Hoekstra R, Van den Bergh J C J M, 2003. Comparing structural decomposition analysis and index[J]. Energy Economics, 25(1):39-64.

Humphreys M, Sachs J, Stiglitz J, 2007. Escaping the Resource Curse [M]. New York: Columbia University Press.

Jordan A J, Lenschow A, 2009. Innovation in environmental policy?: Integrating the environment for sustainability [M]. Cheltenham: Edward Elgar Publishing.

Jorgenson A K, Dietz T, 2015. Economic growth does not reduce the ecological intensity of human well-being[J]. Sustainability Science, 10(1):149-156.

Juma C, Yee-Cheong L, 2005. Reinventing global health: The role of science, technology, and innovation[J]. Lancet, 365(9464):1105-1107.

Knight K W, Rosa E A, 2011. The environmental efficiency of well-being: A cross-national analysis[J]. Social Science Research, 40(3):931-949.

Lee K, Juma C, Mathews J, 2014. Innovation capabilities for sustainable development in Africa[R]. WIDER Working Paper.

Lynn G S, Morone J G, Paulson A S, 1996. Marketing and discontinuous innovation: The probe and learn process[J]. California Management Review, 38(3):8-37.

Machiba T, 2010. Eco-innovation for enabling resource efficiency and green growth: Development of an analytical framework and preliminary analysis of industry and policy practices[J]. International Economics and Economic Policy, 7(2):357-370.

MacKinnon D, Cumbers A, Chapman K, 2002. Learning, innovation and regional development: A critical appraisal of recent debates[J]. Progress in Human Geography, 26(3):293-311.

Manyika J, Chui M, Bughin J, et al., 2013. Disruptive technologies: Advances that will transform life, business, and the global economy [M]. San Francisco: McKinsey Global Institute.

Mauerhofer V, 2008. 3-D Sustainability:An approach for priority setting in situation of conflicting interests towards a sustainable development[J]. Ecological Economics, 64(3):496-506.

Mazur A, 2011. Does increasing energy or electricity consumption improve quality of life in industrial nations? [J]. Energy Policy,39(5):2568-2572.

Network G F,2010. Ecological footprint atlas 2010[J]. Retrieved May, 25: 2014.

Nourry M, 2008. Measuring sustainable development:Some empirical evidence for France from eight alternative indicators[J]. Ecological Economics, 67(3):441-456.

OECD, 2001. OECD environmental strategy for the first decade of the 21st century:Adopted by OECD environmental ministers [M]. OECD.

Panayotou T, 1993. Empirical tests and policy analysis of environmental degradation at different stages of economic development[R]. International Labour Organization.

Popp D, Newell R G, Jaffe A B, 2010. Energy, the environment, and technological change[M]//Hall B. Handbook of the economics of innovation. Amsterdam:Elsevier.

Porter M E, Linde C, 1995. Toward a new conception of the environment:Competitiveness relationship[J]. Journal of Economic Perspectives, 9(4):97-118.

Porter M, 1990. Competitive advantage of nations[J]. Competitive Intelligence Review, 1(1):14.

Porter M, 1991. America's green strategy [J]. Scientific American, 264(4):168-168.

Prescott-Allen R, 2001. The well-being of nations:A country-by-country index of quality of life and the environment [M]. Washington, D. C. : Island Press.

Rees W E, 1992. Ecological footprints and appropriated carrying capacity: What urban economics leaves out[J]. Environment and Urbanization, 4(2): 121-130.

Reid W V, Mooney H A, Cropper A, et al., 2005. Millennium ecosystem assessment: Ecosystems and human well-being: Synthesis [M]. Washington D. C. :Island Press.

Reilly J M, 2012. Green growth and the efficient use of natural resources [J]. Energy Economics, 34:S85 – S93.

Rodríguez-Pose A, Villarreal Peralta E M, 2015. Innovation and regional growth in Mexico:2000 – 2010[J]. Growth and Change, 46(2):172 – 195.

Rooney D, Hearn G, Kastelle T, 2012. Knowledge is people doing things, knowledge economies are people doing things with better outcomes for more people[M]//Rooney D, Hearn G, Ninan A. Handbook on the knowledge economy. Cheltenham:Edward Elgar Publishing

Rosser J B, 2009. Handbook of research on complexity [M]. Cheltenham:Edward Elgar Publishing.

Ruffing K, 2007. Indicators to measure decoupling of environmental pressure from economic growth[J]. Sustainability indicators: A scientific assessment, 67: 211.

Rutten R, Boekema F, 2007. Regional social capital: Embeddedness, innovation networks and regional economic development [J]. Technological Forecasting and Social Change, 74(9): 1834 – 1846.

Rutton V W, 1978. Induced innovation: Technology, innovation and development[M]. Baltimore: Johns Hopkins University Press.

Schubert C, 2012. Is novelty always a good thing? Towards an evolutionary welfare economics[J]. Journal of Evolutionary Economics, 22(3):585 – 619.

Schubert C, 2013. How to evaluate creative destruction: Reconstructing Schumpeter's approach[J]. Cambridge Journal of Economics, 37(2):227 – 250.

Schumpeter J, 2017. Theorie der wirtschaftlichen Entwicklung [M]. Berlin: Duncker & Humblot.

Schumpeter J A, 2013. Capitalism, socialism and democracy[M]. London:Routledge.

Sen A, 2000. Development as freedom [M]. Oxford: Oxford University Press.

Sen, A, 1993. Capability and well-being [J]. The Quality of Life, 30: 270-293.

Siche J R, Agostinho F, Ortega E, et al. , 2008. Sustainability of nations by indices: Comparative study between environmental sustainability index, ecological footprint and the emergy performance indices[J]. Ecological Economics, 66(4):628-637.

Sim Y L, Putuhena F J, 2015. Green building technology initiatives to achieve construction quality and environmental sustainability in the construction industry in Malaysia[J]. Management of Environmental Quality, 26(2): 233-249.

Smith C, Clay P, 2010. Measuring subjective and objective well-being: Analyses from five marine commercial fisheries[J]. Human Organization, 69(2):158-168.

Solow R M, 1957. Technical change and the aggregate production function[J]. The Review of Economics and Statistics, 39(3):312.

South Pacific Applied Geoscience Commission, 2005. Building resilience in SIDS. The environmental vulnerability index (EVI) 2005[R]. SOPAC Technical Report.

Steemers K, Manchanda S, 2010. Energy efficient design and occupant well-being:Case studies in the UK and India[J]. Building and Environment, 45(2):270-278.

Steinberger J K, Roberts J T, 2010. From constraint to sufficiency: The decoupling of energy and carbon from human needs, 1975—2005[J]. Ecological Economics, 70(2):425-433.

Swann G M P, 2014. The economics of innovation: An introduction [M]. Cheltenham:Edward Elgar Publishing.

Tapio P, 2005. Towards a theory of decoupling:Degrees of decoupling in the EU and the case of road traffic in Finland between 1970 and 2001[J]. Transport Policy, 12(2):137-151.

Tinbergen J, 1942. Critical remarks on some business-cycle theories [J]. Econometrica, Journal of the Econometric Society: 129-146.

United Nations Development Programme, 1990. Human development report 1990: Concept and measurement of human development [R]. New York: United Nations Development Programme.

United Nations, 2009. Eco-efficiency indicators: Measuring resource-use efficiency and the impact of economic activities on the environment [R]. Greening of Economic Growth Series.

United Nations, 2001. Human development report 2001: Making new technologies work for human development[M]. New York: United Nations Development Programme.

Van der Ploeg R, Withagen C, 2013. Green growth, green paradox and the global economic crisis[J]. Environmental Innovation and Societal Transitions, 6:116 – 119.

Van Kooten G C, Bulte E H, 2000. The ecological footprint: useful science or politics [J]. Ecological Economics, 32(3): 385 – 389.

Wackernagel M, Lewan L, Hansson C B, 1999. Evaluating the use of natural capital with the ecological footprint: Application in Sweden and subregions[J]. Ambio: 604 – 612.

Wackernagel M, Onisto L, Bello P, et al. , 1997. Ecological footprints of nations: How much nature do they use? How much nature do they have? [M]. Costa Rica: The Earth Council.

Wackernagel M, Onisto L, Bello P, et al. , 1999. National natural capital accounting with the ecological footprint concept[J]. Ecological Economics, 29(3):375 – 390.

Wackernagel M, Rees W E, 1997. Perceptual and structural barriers to investing in natural capital: Economics from an ecological footprint perspective [J]. Ecological Economics, 20(1):3 – 24.

Wackernagel M, Rees W, 1996. Our ecological footprint: Reducing human impact on the earth[M]. Gabriola Island: New Society Publishers.

Wackernagel M, Schulz N B, Deumling D, et al. , 2002. Tracking the ecological overshoot of the human economy[J]. Proceedings of the National Academy of Sciences of the United States of America, 99(14):9266 – 9271.

Wiedmann T, Barrett J, 2010. A review of the ecological footprint indicator: Perceptions and methods[J]. Sustainability, 2(6): 1645-1693.

Young O R, 2002. The institutional dimensions of environmental change: Fit, interplay, and scale[M]. Cambridge: The MIT Press.

Young O R, King L A, Schroeder H, 2008. Institutions and environmental change: Principal findings, applications, and research frontiers[M]. Cambridge: The MIT Press.

北京师范大学,2010. 2010 中国绿色发展指数年度报告: 省际比较[M]. 北京: 北京师范大学出版社.

毕新华, 李建军, 2015. 创新驱动对经济发展的制度设计研究[J]. 学习与探索(11): 82-84.

陈凡, 白瑞, 2013. 论马克思主义绿色发展观的历史演进[J]. 学术论坛, 36(4): 15-18.

陈刚, 赵志耘, 许端阳, 2014. 科技创新支撑经济发展方式转变的动力机制[J]. 中国科技论坛(6): 5-8.

陈华, 诸大建, 邹丽, 2012. 全球主要国家的二氧化碳排放空间研究: 基于生态—公平—效率模型[J]. 东北大学学报(社会科学版), 14(2): 119-124.

陈建青, 扬甄华, 2004. 创新、经济增长与制度变迁的互依性[J]. 南开经济研究(4): 28-30.

陈龙桂, 刘通, 欧阳慧, 等, 2012. 资源开采地区生态补偿机制初探[J]. 宏观经济管理(2): 51-53.

陈秋红, 2009. 生态社会主义对可持续发展的促进与启示[J]. 华东经济管理, 23(2): 151-154.

陈晓佳, 2013. 生态马克思主义与马克思主义生态观比较研究[D]. 兰州: 西北民族大学.

程恩富, 2015. 为马克思主义政治经济学创新发展贡献中国智慧[N]. 光明日报, 2015-11-02.

董必荣, 2016. 国外绿色发展模式借鉴: 以英国为例[J]. 毛泽东邓小平理论研究(11): 72-76.

董直庆, 蔡啸, 王林辉, 2014. 技术进步方向、城市用地规模和环境质量[J].

经济研究,49(10):111-124.

樊根耀,2004.我国环境治理制度创新的基本取向[J].求索(12):115-117.

冯伟林,李树茁,李聪,2013.生态系统服务与人类福祉:文献综述与分析框架[J].资源科学,35(7):1482-1489.

冯之浚,2011.依靠自主创新 促进绿色发展[J].科学学研究,29(1):1-2.

宫宁,2016.中国特色社会主义政治经济学:研究的议题与深化的方向[J].当代经济研究(5):26-33.

顾巍,熊选福,2007.论制度创新、管理创新、技术创新与循环经济的关系及启示[J].特区经济(9):114-116.

郭玲玲,卢小丽,武春友,等,2016.中国绿色增长评价指标体系构建研究[J].科研管理,37(6):141-150.

韩欲立,温晓春,2013.生态文明论的生态马克思主义基础:基于欧洲、北美与中国的比较研究[J].西南大学学报(社会科学版),39(4):5-11.

何林,陈欣,2011.基于生态福利的陕西省经济可持续发展研究[J].开发研究(6):24-28.

何志星,2012.经济发展与制度变革:基于制度内生的比较制度分析[D].杭州:浙江大学.

贺灵,单汨源,邱建华,2012.创新网络要素及其协同对科技创新绩效的影响研究[J].管理评论,24(8):58-68.

洪银兴,2013a.论创新驱动经济发展战略[J].经济学家(1):5-11.

洪银兴,2013b.现代化的创新驱动:理论逻辑与实践路径[J].江海学刊(6):20-27.

洪银兴,2016.以创新的理论构建中国特色社会主义政治经济学的理论体系[J].经济研究(4):4-13.

侯伟丽,2004.21世纪中国绿色发展问题研究[J].南都学坛(3):106-110.

胡鞍钢,2010.全球气候变化与中国绿色发展[J].中共中央党校学报(2):5-10.

胡鞍钢,周绍杰,2014.绿色发展:功能界定,机制分析与发展战略[J].中国人口·资源与环境(1):14-20.

胡鞍钢,2012.中国:创新绿色发展[M].北京:中国人民大学出版社.

胡建,2015.从"发展主义"到"可持续发展观":析江泽民时期的生态文明思想[J].中共浙江省委党校学报(1):96-102.

郇庆治,耶内克,2010.生态现代化理论:回顾与展望[J].马克思主义与现实(1):175-179.

郇庆治,2006.生态现代化理论与绿色变革[J].马克思主义与现实(2):90-98.

黄娟,2017.科技创新与绿色发展的关系:兼论中国特色绿色科技创新之路[J].新疆师范大学学报(哲学社会科学版),38(2):33-41.

黄贤金,金雨泽,李升峰,2015.江苏绿色发展评价研究[J].唯实(9):56-58.

黄羿,杨蕾,王小兴,等,2012.城市绿色发展评价指标体系研究:以广州市为例[J].科技管理研究,32(17):55-59.

黄志斌,姚灿,王新,2015.绿色发展理论基本概念及其相互关系辨析[J].自然辩证法研究,31(8):108-113.

蒋南平,向仁康,2013.中国经济绿色发展的若干问题[J].当代经济研究(2):50-54.

李斌,彭星,2013.环境机制设计、技术创新与低碳绿色经济发展[J].社会科学(6):50-57.

李和平,杨峰,2011.论马克思主义可持续发展观对自然资源保护的现实意义[J].求实(7):9-12.

李凯丽,2010.环境绩效指数的编制方法、经验及借鉴[D].大连:东北财经大学.

李萌,2016.中国"十二五"绿色发展的评估与"十三五"绿色发展的路径选择[J].社会主义研究(3):62-71.

李文涛,苏琳,2001.制度创新理论研究述评[J].经济纵横(11):61-63.

李晓西,胡必亮,2012.中国:绿色经济与可持续发展[M].北京:人民出版社.

李晓西,刘一萌,宋涛,2014.人类绿色发展指数的测算[J].中国社会科学(6):69-95.

李晓西,潘建成,2012.2011中国绿色发展指数报告摘编(上)总论[J].经济研究参考(13):4-24.

李佐军,2012.中国绿色转型发展报告[M].北京:中共中央党校出版社.

刘建华,刘丽,2011.邓小平纪事:1904-1997[M].北京:中央文献出版社.

刘淼,张振,2016.学界解读:中国特色社会主义政治经济学[J].理论参考(4):31-33.

刘仁胜,2006.生态马克思主义发展概况[J].当代世界与社会主义(3):58-62.

刘仁胜,2007a.生态马克思主义的生态价值观[J].江汉论坛(7):52-56.

刘仁胜,2007b.生态马克思主义概论[M].北京:中央编译出版社.

刘薇,2012a.北京绿色产业发展的科技创新政策研究[J].经济论坛(1):36-38.

刘薇,2012b.创新驱动与绿色发展的理论思考[J].北京市经济管理干部学院学报,27(3):9-14.

刘薇,2013.北京实现创新驱动绿色发展的关键问题研究[J].北京社会科学(1):72-79.

刘汶荣,2009.技术创新机制的系统分析[D].长春:吉林大学.

刘西明,2013.绿色经济测度指标及发展对策[J].宏观经济管理(2):39-40.

刘燕华,2010.关于绿色经济和绿色发展若干问题的战略思考[J].中国科技奖励(12):49-50.

刘应元,2014.我国农业产业生态福利水平测度及提升策略研究:以湖北省为例[D].武汉:华中农业大学.

刘玉高,陶泽元,2016.马克思恩格斯绿色发展观及其当代再现[J].中南民族大学学报(人文社会科学版),36(3):93-96.

刘志迎,谭敏,2012.纵向视角下中国技术转移系统演变的协同度研究:基于复合系统协同度模型的测度[J].科学学研究,30(4):534-542.

马磊,余振华,2009.中国平均预期寿命的影响因素分析[J].经济研究导刊(1):161-162.

马万利,梅雪芹,2009.生态马克思主义述评[J].国外理论动态(2):82-87.

牛桂敏,2008.循环经济发展中科技创新战略研究[J].上海环境科学,27(3):121-123.

牛文元,1994.持续发展导论[M].北京:科学出版社.

欧阳志云,赵娟娟,桂振华,等,2009.中国城市的绿色发展评价[J].中国人口·资源与环境,19(5):11-15.

潘家华,2002. 人文发展分析的概念构架与经验数据:以对碳排放空间的需求为例[J]. 中国社会科学(6):15-25.

庞瑞芝,范玉,李扬,2014. 中国科技创新支撑经济发展了吗?[J]. 数量经济技术经济研究,31(10):37-52.

彭纪生,刘伯军,2002. 技术创新理论探源及本质界定[J]. 科技进步与对策,19(12):101-103.

彭秀丽,2007. 循环经济模式下技术创新与制度创新的互动关系研究[J]. 吉首大学学报(社会科学版),28(4):48-51.

齐志新,陈文颖,2006. 结构调整还是技术进步?:改革开放后我国能源效率提高的因素分析[J]. 上海经济研究,18(6):8-16.

秦军,唐华一,2015. 技术创新推动低碳经济发展的机理研究[J]. 生态经济,31(9):39-42.

秦书生,杨硕,2015. 习近平的绿色发展思想探析[J]. 理论学刊(6):4-11.

任保平,郭晗,2016. 新常态下创新驱动经济发展思考[J]. 中国特色社会主义研究,7(3):24-29.

任继愈,1985. 中国哲学发展史:秦汉[M]. 北京:人民出版社.

沈满洪,2015. 绿色发展应有更高更新的战略目标[J]. 浙江经济(22):30-31.

沈月,2014. 生态马克思主义价值研究[D]. 长春:吉林大学.

苏利阳,郑红霞,王毅,2013. 中国省际工业绿色发展评估[J]. 中国人口·资源与环境,23(8):116-122.

田文富,2016. 我国绿色发展的实践障碍及其机制建立与完善[J]. 井冈山大学学报(社会科学版),37(2):42-47.

王丹,2011. 马克思主义生态自然观研究[D]. 大连:大连海事大学.

王贵友,2002. 人与自然的对象性关系与实践辩证法:关于马克思主义自然观的思考[J]. 武汉大学学报(人文科学版),55(2):133-138.

王洪波,2013. 基于改进型生态足迹模型的北京市生态足迹分析与评价[D]. 北京:首都经济贸易大学.

王金南,於方,曹东,2006. 中国绿色国民经济核算研究报告2004[J]. 中国人口·资源与环境,16(6):11-17.

王珂,秦成逊,2013. 西部地区实现绿色发展的路径探析[J]. 经济问题探索

(1):89-93.

王玲玲,张艳国,2012."绿色发展"内涵探微[J].社会主义研究(5):143-146.

王如松,2013.生态文明建设的控制论机理、认识误区与融贯路径[J].中国科学院院刊,28(2):173-181.

王文普,陈斌,2013.环境政策对绿色技术创新的影响研究:来自省级环境专利的证据[J].经济经纬,30(5):13-18.

王永芹,2014.中国城市绿色发展的路径选择[J].河北经贸大学学报,35(3):51-53.

王羽强,2013.马克思主义社会发展理论视阈下的统筹城乡发展研究:以鄂尔多斯市为例[D].呼和浩特:内蒙古大学.

韦如梅,2013.国外马克思主义生态观研究及对中国生态文明建设的观照与思考[J].求实(5):68-71.

魏云洁,甄霖,Batkhishig O,等,2009.蒙古高原生态服务消费空间差异的实证研究[J].资源科学(10):1677-1684.

文魁,徐则荣,2013.制度创新理论的生成与发展[J].当代经济研究(7):52-56.

吴建南,郑烨,徐萌萌,2015.创新驱动经济发展:美国四个城市的多案例研究[J].科学学与科学技术管理,36(9):21-30.

武文风,2013.马克思技术进步理论研究[D].天津:南开大学.

夏天,2010.创新驱动过程的阶段特征及其对创新型城市建设的启示[J].科学学与科学技术管理(2):124-129.

向书坚,郑瑞坤,2013.中国绿色经济发展指数研究[J].统计研究(3):72-77.

肖宏伟,李佐军,王海芹,2013.中国绿色转型发展评价指标体系研究[J].当代经济管理,35(8):24-30.

谢昌飞,王宇飞,2016."有机"、"生态"与"面向人类共同福祉"的马克思主义:"有机马克思主义"的理论特征[J].东北师大学报(哲学社会科学版)(2):71-76.

徐文福,2010.生态马克思主义可持续发展观研究[D].福州:福建师范大学.

徐英吉,2008.基于技术创新与制度创新协同的企业持续成长研究[D].济南:山东大学.

许广月,2014.从黑色发展到绿色发展的范式转型[J].西部论坛,24(1):53-60.

许津荣,2016.以深化制度创新为驱动 不断提升绿色发展水平[J].群众,(5):14-16.

严也舟,成金华,2013.生态文明建设评价方法的科学性探析[J].经济纵横(8):77-80.

杨多贵,高飞鹏,2006."绿色"发展道路的理论解析[J].科学管理研究,24(5):20-23.

杨富斌,2016.有机马克思主义的出场及意义[J].东北师大学报(哲学社会科学版)(2):65-70.

杨莉,甄霖,潘影,等,2012.生态系统服务供给—消费研究:黄河流域案例[J].干旱区资源与环境(3):131-138.

杨武,杨淼,2016.基于科技创新驱动的我国经济发展与结构优化测度研究[J].软科学,30(4):1-7,12.

于洋,2014.中国二氧化碳净排放和驱动因素研究:空间格局与脱钩关系[D].长春:东北师范大学.

俞国平,2001.试析绿色技术创新的制度障碍[J].生态经济(12):89-91.

俞国平,2002.制度创新是建立绿色技术创新机制的关键[J].财经论丛(6):19-22.

苑清敏,邱静,秦聪聪,2014.天津市经济增长与资源和环境的脱钩关系及反弹效应研究[J].资源科学,36(5):954-962.

臧漫丹,诸大建,刘国平,2013.生态福利绩效:概念、内涵及G20实证[J].中国人口·资源与环境,23(5):118-124.

张建伟,2011.技术创新的经济转型效应:基于中国数据的实证研究[D].上海:华东师范大学.

张来武,2011.科技创新驱动经济发展方式转变[J].中国软科学(12):1-5.

张蕾,2014.创新驱动:马克思主义社会发展动力理论的新阶段[J].东北大学学报(社会科学版),16(4):424-428.

张敏,2015.欧盟绿色经济的创新化发展路径及前瞻性研究[J].欧洲研究,

33(6):97-113.

张攀攀,2015.基于熵权灰色关联分析的绿色发展评价指标体系研究:以武汉市为例[J].特区经济,(12):90-92.

张培春,2012.马克思主义可持续发展观研究[J].辽宁工业大学学报(社会科学版),14(4):5-8.

张新杰,2009.中国区域经济发展与制度创新的实证研究[J].经济理论与经济管理,29(1):35-38.

张燕,边绪魁,2006.发展循环经济在于创新图变[J].科技资讯,4(5):184-185.

张志强,徐中民,程国栋,2000.生态足迹的概念及计算模型[J].生态经济(10):8-10.

赵庚科,史晓妮,2016.中国经济新常态推行绿色发展理念探析[J].中国高新技术企业(18):1-2.

赵宁,2012.中国经济增长质量提升的制度创新研究[D].武汉:武汉大学.

赵细康,2004.环境政策对技术创新的影响[J].中国地质大学学报(社会科学版),4(1):24-28.

赵霞,孔垂婧,温宏坚,等,2014.国内外关于生态环境可持续性指标的评述[J].西北大学学报(哲学社会科学版),44(3):136-145.

甄霖,刘雪林,魏云洁,2008.生态系统服务消费模式、计量及其管理框架构建[J].资源科学,30(1):100-106.

周晓敏,杨先农,2016.绿色发展理念:习近平对马克思生态思想的丰富与发展[J].理论与改革(5):50-54.

朱春红,马涛,2011.区域绿色产业发展效果评价研究[J].经济与管理研究,32(3):64-70.

朱解放,2014.马克思自然资源与经济发展理论探析[J].改革与战略,30(8):18-20.

朱瑞,2005.中国传统文化中的"天人合一"思想及其现代价值[J].攀登,24(3):104-106.

诸大建,2016.可持续性科学:基于对象—过程—主体的分析模型[J].中国人口·资源与环境,26(7):1-9.

诸大建,刘淑妍,2014.可持续发展的生态限制模型及对中国转型发展的政策意义[J]. 中国科学院院刊,29(4):416-428.

诸大建,张帅,2014a. 生态福利绩效及其与经济增长的关系研究[J]. 中国人口·资源与环境,24(9):59-67.

诸大建,张帅,2014b. 生态福利绩效与深化可持续发展的研究[J]. 同济大学学报(社会科学版),25(5):106-115.

诸大建,朱远,2013. 生态文明背景下循环经济理论的深化研究[J]. 中国科学院院刊,28(2):207-218.

庄友刚,2016. 准确把握绿色发展理念的科学规定性[J]. 中国特色社会主义研究,7(1):89-94.

附 录

表A-1 2001年各地区人类发展指数统计表

地区	预期寿命指数	教育指数	收入指数	HDI
北京	0.892 008	0.802 686	0.495 845 0	0.708 087
天津	0.873 063	0.759 884	0.447 590 0	0.667 152
河北	0.832 965	0.670 465	0.326 992 6	0.567 345
山西	0.820 400	0.686 352	0.282 536 6	0.541 854
内蒙古	0.794 602	0.734 113	0.307 709 9	0.564 094
辽宁	0.846 653	0.693 100	0.380 922 4	0.606 894
吉林	0.842 937	0.703 497	0.318 456 4	0.573 723
黑龙江	0.832 352	0.694 312	0.338 040 1	0.580 243
上海	0.920 750	0.747 479	0.517 929 3	0.709 040
江苏	0.855 082	0.678 471	0.390 724 1	0.609 729
浙江	0.868 086	0.689 539	0.408 878 0	0.625 516
安徽	0.823 484	0.647 097	0.265 725 6	0.521 218
福建	0.834 490	0.679 451	0.378 780 0	0.598 856
江西	0.781 511	0.656 151	0.260 156 2	0.510 965
山东	0.854 925	0.700 246	0.357 221 5	0.598 006
河南	0.818 244	0.673 633	0.276 554 5	0.534 190
湖北	0.812 320	0.647 451	0.308 744 7	0.545 563
湖南	0.806 134	0.686 048	0.277 017 1	0.535 085
广东	0.845 864	0.681 865	0.400 785 4	0.613 720
广西	0.815 685	0.664 992	0.248 498 0	0.512 728
海南	0.840 624	0.659 218	0.304 028 5	0.552 308
重庆	0.822 888	0.671 729	0.303 468 8	0.551 505
四川	0.813 792	0.668 305	0.263 130 8	0.523 062
贵州	0.733 929	0.623 491	0.181 555 1	0.436 346
云南	0.724 606	0.612 794	0.255 180 1	0.483 899
西藏	0.706 502	0.592 341	0.263 092 7	0.479 290
陕西	0.797 827	0.676 361	0.269 282 7	0.525 733

续表

地区	预期寿命指数	教育指数	收入指数	HDI
甘肃	0.757 080	0.658 416	0.239 172 8	0.492 173
青海	0.732 913	0.671 444	0.275 260 8	0.513 573
宁夏	0.796 951	0.688 167	0.281 487 2	0.536 448
新疆	0.756 449	0.690 370	0.321 961 9	0.551 936

表 A-2 2002年各地区人类发展指数统计表

地区	预期寿命指数	教育指数	收入指数	HDI
北京	0.899 159	0.803 257	0.514 285	0.718 839
天津	0.880 039	0.761 316	0.464 088	0.677 468
河北	0.837 224	0.678 394	0.339 289	0.577 605
山西	0.826 130	0.689 008	0.305 495	0.558 160
内蒙古	0.802 611	0.732 489	0.325 956	0.576 530
辽宁	0.851 980	0.702 698	0.392 831	0.617 260
吉林	0.848 335	0.706 182	0.333 589	0.584 654
黑龙江	0.838 679	0.696 297	0.348 643	0.588 289
上海	0.924 465	0.754 102	0.528 616	0.716 947
江苏	0.859 849	0.682 313	0.406 851	0.620 317
浙江	0.873 396	0.691 070	0.429 349	0.637 551
安徽	0.829 145	0.657 838	0.276 985	0.532 601
福建	0.840 116	0.682 017	0.391 347	0.607 527
江西	0.790 939	0.671 259	0.278 071	0.528 522
山东	0.859 376	0.699 490	0.373 087	0.607 564
河南	0.823 554	0.671 187	0.288 739	0.542 434
湖北	0.818 962	0.655 922	0.319 583	0.555 776
湖南	0.813 214	0.689 795	0.288 379	0.544 874
广东	0.851 507	0.680 907	0.416 038	0.622 496
广西	0.822 380	0.667 387	0.262 674	0.524 351
海南	0.846 547	0.665 064	0.318 816	0.564 094

续表

地区	预期寿命指数	教育指数	收入指数	HDI
重庆	0.829 846	0.674 018	0.322 273	0.564 890
四川	0.820 014	0.668 158	0.278 031	0.534 070
贵州	0.742 937	0.629 645	0.194 018	0.449 397
云南	0.731 703	0.608 386	0.265 490	0.490 743
西藏	0.713 162	0.593 320	0.283 342	0.493 093
陕西	0.805 906	0.687 090	0.285 858	0.540 941
甘肃	0.765 422	0.663 498	0.252 290	0.504 135
青海	0.739 800	0.679 277	0.292 367	0.527 671
宁夏	0.802 576	0.687 526	0.295 756	0.546 474
新疆	0.765 107	0.689 866	0.331 542	0.559 339

表 A-3 2003 年各地区人类发展指数统计表

地区	预期寿命指数	教育指数	收入指数	HDI
北京	0.906 309	0.804 186	0.532 889	0.729 609
天津	0.887 014	0.763 812	0.490 051	0.692 446
河北	0.841 483	0.692 905	0.359 169	0.593 844
山西	0.831 861	0.693 770	0.331 044	0.575 949
内蒙古	0.810 620	0.729 068	0.356 125	0.594 835
辽宁	0.857 308	0.721 097	0.406 787	0.631 198
吉林	0.853 733	0.710 058	0.350 296	0.596 601
黑龙江	0.845 005	0.699 219	0.364 805	0.599 577
上海	0.928 181	0.766 491	0.546 831	0.730 014
江苏	0.864 616	0.689 377	0.429 293	0.634 860
浙江	0.878 707	0.694 094	0.455 125	0.652 325
安徽	0.834 805	0.677 277	0.293 102	0.549 276
福建	0.845 741	0.687 038	0.406 516	0.618 157
江西	0.800 368	0.699 251	0.296 864	0.549 743
山东	0.863 828	0.697 904	0.396 139	0.620 426

续表

地区	预期寿命指数	教育指数	收入指数	HDI
河南	0.828 864	0.666 595	0.307 016	0.553 565
湖北	0.825 605	0.671 862	0.335 008	0.570 649
湖南	0.820 294	0.697 037	0.304 772	0.558 556
广东	0.857 150	0.678 614	0.437 580	0.633 742
广西	0.829 075	0.671 930	0.278 171	0.537 126
海南	0.852 471	0.676 479	0.333 504	0.577 225
重庆	0.836 803	0.678 421	0.342 755	0.579 476
四川	0.826 236	0.667 845	0.294 787	0.545 879
贵州	0.751 945	0.640 651	0.213 026	0.468 181
云南	0.738 801	0.599 078	0.278 974	0.497 957
西藏	0.719 821	0.595 584	0.300 848	0.505 248
陕西	0.813 985	0.706 990	0.305 860	0.560 425
甘肃	0.773 764	0.673 290	0.270 818	0.520 590
青海	0.746 688	0.694 263	0.311 048	0.544 290
宁夏	0.808 202	0.686 252	0.318 151	0.560 892
新疆	0.773 764	0.687 244	0.352 410	0.572 255

表 A-4 2004 年各地区人类发展指数统计表

地区	预期寿命指数	教育指数	收入指数	HDI
北京	0.913 460	0.811 998	0.556 503	0.744 567
天津	0.893 989	0.777 197	0.515 645	0.710 239
河北	0.845 741	0.692 471	0.387 886	0.610 166
山西	0.837 592	0.693 245	0.362 560	0.594 885
内蒙古	0.818 630	0.735 863	0.390 819	0.617 476
辽宁	0.862 636	0.716 958	0.422 204	0.639 167
吉林	0.859 131	0.714 510	0.371 691	0.611 116
黑龙江	0.851 332	0.700 688	0.387 832	0.613 888
上海	0.931 896	0.768 248	0.568 673	0.741 157

续表

地区	预期寿命指数	教育指数	收入指数	HDI
江苏	0.869 383	0.690 570	0.455 364	0.649 022
浙江	0.884 017	0.703 834	0.479 790	0.668 335
安徽	0.840 466	0.674 359	0.319 629	0.565 830
福建	0.851 367	0.689 583	0.426 745	0.630 411
江西	0.809 797	0.688 798	0.326 089	0.566 589
山东	0.868 279	0.698 897	0.427 028	0.637 543
河南	0.834 175	0.673 567	0.338 232	0.574 934
湖北	0.832 247	0.679 027	0.354 858	0.585 326
湖南	0.827 375	0.698 910	0.331 919	0.576 836
广东	0.862 794	0.682 058	0.460 732	0.647 230
广西	0.835 769	0.679 937	0.305 878	0.558 086
海南	0.858 395	0.679 340	0.353 110	0.590 511
重庆	0.843 761	0.670 788	0.368 375	0.592 968
四川	0.832 457	0.668 335	0.322 476	0.564 007
贵州	0.760 953	0.637 441	0.235 539	0.485 237
云南	0.745 899	0.621 803	0.305 011	0.521 054
西藏	0.726 481	0.594 667	0.324 236	0.519 341
陕西	0.822 064	0.708 945	0.335 341	0.580 321
甘肃	0.782 107	0.679 724	0.297 955	0.541 066
青海	0.753 575	0.692 214	0.335 681	0.559 454
宁夏	0.813 828	0.695 290	0.343 529	0.579 278
新疆	0.782 422	0.693 274	0.373 409	0.587 278

表 A-5　2005 年各地区人类发展指数统计表

地区	预期寿命指数	教育指数	收入指数	HDI
北京	0.917 035	0.815 781	0.573 756	0.754 332
天津	0.897 476	0.771 792	0.546 438	0.723 360
河北	0.847 871	0.687 887	0.411 676	0.621 538

续表

地区	预期寿命指数	教育指数	收入指数	HDI
山西	0.840 457	0.695 767	0.387 912	0.609 871
内蒙古	0.822 634	0.743 100	0.426 879	0.639 028
辽宁	0.865 300	0.715 698	0.449 753	0.653 066
吉林	0.861 830	0.710 647	0.403 983	0.627 788
黑龙江	0.854 495	0.706 576	0.409 898	0.627 839
上海	0.933 754	0.762 108	0.584 746	0.746 573
江苏	0.871 767	0.699 796	0.485 740	0.666 692
浙江	0.886 672	0.686 458	0.498 976	0.672 180
安徽	0.843 297	0.669 663	0.338 084	0.575 820
福建	0.854 180	0.686 499	0.445 195	0.639 116
江西	0.814 511	0.675 143	0.348 808	0.576 713
山东	0.870 505	0.692 320	0.455 609	0.649 965
河南	0.836 830	0.670 587	0.374 680	0.594 636
湖北	0.835 568	0.671 757	0.376 340	0.595 559
湖南	0.830 915	0.697 372	0.363 326	0.594 893
广东	0.865 615	0.691 359	0.485 882	0.662 501
广西	0.839 117	0.667 545	0.334 894	0.572 449
海南	0.861 356	0.674 648	0.368 959	0.598 521
重庆	0.847 240	0.677 494	0.388 072	0.606 189
四川	0.835 568	0.657 332	0.342 137	0.572 781
贵州	0.765 457	0.627 242	0.268 460	0.505 140
云南	0.749 448	0.614 967	0.321 411	0.529 116
西藏	0.729 811	0.588 803	0.340 417	0.526 903
陕西	0.826 104	0.702 203	0.366 498	0.596 838
甘肃	0.786 278	0.669 170	0.318 016	0.551 045
青海	0.757 019	0.702 163	0.357 422	0.574 877
宁夏	0.816 640	0.691 864	0.361 274	0.588 793
新疆	0.786 751	0.688 380	0.394 430	0.597 785

表 A-6　2006 年各地区人类发展指数统计表

地区	预期寿命指数	教育指数	收入指数	HDI
北京	0.920 610	0.827 677	0.594 492	0.767 999
天津	0.900 964	0.777 732	0.565 849	0.734 648
河北	0.850 000	0.684 657	0.434 779	0.632 490
山西	0.843 323	0.704 619	0.416 891	0.628 044
内蒙古	0.826 639	0.735 010	0.464 603	0.655 990
辽宁	0.867 964	0.722 123	0.473 501	0.667 028
吉林	0.864 529	0.717 662	0.448 007	0.652 621
黑龙江	0.857 659	0.706 163	0.431 502	0.639 343
上海	0.935 612	0.775 367	0.603 059	0.759 139
江苏	0.874 150	0.700 893	0.511 470	0.679 234
浙江	0.889 327	0.699 680	0.523 979	0.688 269
安徽	0.846 127	0.675 565	0.362 038	0.591 497
福建	0.856 993	0.688 773	0.473 697	0.653 910
江西	0.819 225	0.678 326	0.376 151	0.593 474
山东	0.872 730	0.696 050	0.484 509	0.665 182
河南	0.839 485	0.670 571	0.401 342	0.609 056
湖北	0.838 889	0.683 904	0.410 209	0.617 402
湖南	0.834 455	0.698 054	0.389 558	0.609 941
广东	0.868 437	0.691 518	0.510 256	0.674 181
广西	0.842 464	0.675 860	0.362 802	0.591 143
海南	0.864 318	0.676 342	0.393 927	0.612 941
重庆	0.850 719	0.678 862	0.409 294	0.618 303
四川	0.838 679	0.663 892	0.370 839	0.591 052
贵州	0.769 961	0.627 674	0.296 683	0.523 398
云南	0.752 997	0.618 586	0.345 227	0.543 792
西藏	0.733 141	0.596 144	0.364 846	0.542 270
陕西	0.830 144	0.709 383	0.397 604	0.616 351

续表

地区	预期寿命指数	教育指数	收入指数	HDI
甘肃	0.790 449	0.669 519	0.345 953	0.567 829
青海	0.760 463	0.693 600	0.386 097	0.588 339
宁夏	0.819 453	0.693 705	0.388 310	0.604 355
新疆	0.791 080	0.687 486	0.418 660	0.610 635

表 A-7 2007 年各地区人类发展指数统计表

地区	预期寿命指数	教育指数	收入指数	HDI
北京	0.924 185	0.829 453	0.622 947	0.781 629
天津	0.904 451	0.783 727	0.591 318	0.748 383
河北	0.852 129	0.687 648	0.465 708	0.648 627
山西	0.846 188	0.707 201	0.451 504	0.646 483
内蒙古	0.830 643	0.738 702	0.508 611	0.678 302
辽宁	0.870 627	0.723 407	0.506 053	0.683 078
吉林	0.867 227	0.722 085	0.472 266	0.666 248
黑龙江	0.860 822	0.712 038	0.458 043	0.654 799
上海	0.937 469	0.773 631	0.627 224	0.769 079
江苏	0.876 533	0.705 340	0.543 296	0.695 133
浙江	0.891 982	0.700 304	0.554 298	0.702 202
安徽	0.848 957	0.674 046	0.395 826	0.609 574
福建	0.859 805	0.690 291	0.506 724	0.669 990
江西	0.823 940	0.696 289	0.409 531	0.617 055
山东	0.874 956	0.698 800	0.514 319	0.680 024
河南	0.842 140	0.673 318	0.437 000	0.628 100
湖北	0.842 210	0.688 169	0.443 276	0.635 716
湖南	0.837 995	0.706 313	0.426 006	0.631 759
广东	0.871 258	0.698 550	0.539 879	0.690 050
广西	0.845 811	0.674 972	0.397 975	0.610 200
海南	0.867 280	0.680 405	0.425 894	0.631 068

续表

地区	预期寿命指数	教育指数	收入指数	HDI
重庆	0.854 197	0.679 848	0.441 973	0.635 509
四川	0.841 789	0.666 530	0.406 877	0.611 170
贵州	0.774 465	0.633 324	0.336 314	0.548 434
云南	0.756 546	0.622 486	0.377 313	0.562 197
西藏	0.736 470	0.596 471	0.393 214	0.556 918
陕西	0.834 183	0.713 398	0.432 351	0.636 029
甘肃	0.794 620	0.673 956	0.377 846	0.587 087
青海	0.763 906	0.697 026	0.422 006	0.607 952
宁夏	0.822 266	0.696 326	0.428 050	0.625 806
新疆	0.795 408	0.691 016	0.443 785	0.624 813

表 A-8 2008 年各地区人类发展指数统计表

地区	预期寿命指数	教育指数	收入指数	HDI
北京	0.927 760	0.824 647	0.645 946	0.790 618
天津	0.907 939	0.785 311	0.632 493	0.766 863
河北	0.854 259	0.692 504	0.501 613	0.667 002
山西	0.849 054	0.708 977	0.492 447	0.666 769
内蒙古	0.834 648	0.738 937	0.561 334	0.702 173
辽宁	0.873 291	0.727 261	0.548 018	0.703 420
吉林	0.869 926	0.728 080	0.513 197	0.687 567
黑龙江	0.863 985	0.712 271	0.494 083	0.672 435
上海	0.939 327	0.776 311	0.652 536	0.780 703
江苏	0.878 917	0.705 473	0.581 125	0.711 595
浙江	0.894 637	0.704 110	0.585 592	0.717 179
安徽	0.851 788	0.676 468	0.435 386	0.630 693
福建	0.862 618	0.690 657	0.548 538	0.688 804
江西	0.828 654	0.695 192	0.449 256	0.637 271
山东	0.877 182	0.700 510	0.553 218	0.697 911

续表

地区	预期寿命指数	教育指数	收入指数	HDI
河南	0.844 795	0.678 250	0.475 634	0.648 343
湖北	0.845 531	0.689 160	0.485 950	0.656 670
湖南	0.841 535	0.708 466	0.467 949	0.653 426
广东	0.874 080	0.702 347	0.571 016	0.705 100
广西	0.849 159	0.672 931	0.436 871	0.629 657
海南	0.870 242	0.682 062	0.463 849	0.650 549
重庆	0.857 676	0.682 665	0.485 044	0.657 311
四川	0.844 900	0.669 560	0.445 505	0.631 659
贵州	0.778 970	0.639 071	0.381 503	0.574 808
云南	0.760 095	0.621 453	0.415 177	0.580 992
西藏	0.739 800	0.601 846	0.426 099	0.574 606
陕西	0.838 223	0.717 042	0.479 798	0.660 674
甘肃	0.798 791	0.674 024	0.413 852	0.606 249
青海	0.767 350	0.694 341	0.470 110	0.630 360
宁夏	0.825 079	0.698 315	0.478 389	0.650 793
新疆	0.799 737	0.695 176	0.479 483	0.643 584

表 A-9 2009 年各地区人类发展指数统计表

地区	预期寿命指数	教育指数	收入指数	HDI
北京	0.931 335	0.831 404	0.652 957	0.796 650
天津	0.911 427	0.790 591	0.643 708	0.774 083
河北	0.856 388	0.697 349	0.512 486	0.673 908
山西	0.851 919	0.712 553	0.495 117	0.669 845
内蒙古	0.838 652	0.743 707	0.581 334	0.713 077
辽宁	0.875 955	0.733 100	0.563 731	0.712 698
吉林	0.872 625	0.729 145	0.531 477	0.696 694
黑龙江	0.867 149	0.716 608	0.499 913	0.677 262
上海	0.941 185	0.780 212	0.658 850	0.785 039

续表

地区	预期寿命指数	教育指数	收入指数	HDI
江苏	0.881 300	0.707 712	0.596 715	0.719 310
浙江	0.897 292	0.708 170	0.594 938	0.723 071
安徽	0.854 618	0.682 445	0.455 093	0.642 658
福建	0.865 431	0.708 570	0.562 949	0.701 500
江西	0.833 368	0.702 950	0.462 264	0.646 970
山东	0.879 408	0.702 467	0.566 763	0.704 811
河南	0.847 450	0.679 750	0.487 175	0.654 711
湖北	0.848 852	0.692 831	0.504 335	0.666 898
湖南	0.845 075	0.708 808	0.486 144	0.662 821
广东	0.876 902	0.705 218	0.578 962	0.710 081
广西	0.852 506	0.677 011	0.451 250	0.638 612
海南	0.873 204	0.684 808	0.477 152	0.658 335
重庆	0.861 155	0.688 805	0.502 420	0.667 957
四川	0.848 011	0.675 785	0.462 542	0.642 373
贵州	0.783 474	0.640 360	0.398 585	0.584 776
云南	0.763 644	0.625 715	0.427 084	0.588 744
西藏	0.743 130	0.605 319	0.441 345	0.583 368
陕西	0.842 263	0.719 747	0.496 535	0.670 181
甘肃	0.802 962	0.677 199	0.424 525	0.613 439
青海	0.770 794	0.697 783	0.479 131	0.636 362
宁夏	0.827 892	0.704 718	0.494 775	0.660 895
新疆	0.804 066	0.697 374	0.482 037	0.646 566

表 A-10　2010 年各地区人类发展指数统计表

地区	预期寿命指数	教育指数	收入指数	HDI
北京	0.949 211	0.836 648	0.667 652	0.809 379
天津	0.928 864	0.796 915	0.665 803	0.789 896
河北	0.867 035	0.702 285	0.534 288	0.687 767

续表

地区	预期寿命指数	教育指数	收入指数	HDI
山西	0.866 246	0.716 247	0.520 482	0.686 072
内蒙古	0.858 675	0.753 536	0.607 354	0.732 473
辽宁	0.889 274	0.736 732	0.591 225	0.728 953
吉林	0.886 120	0.733 031	0.560 522	0.714 062
黑龙江	0.882 965	0.721 318	0.527 575	0.695 213
上海	0.950 473	0.774 778	0.672 743	0.791 265
江苏	0.893 218	0.718 540	0.622 937	0.736 689
浙江	0.910 568	0.715 799	0.618 097	0.738 562
安徽	0.868 770	0.689 864	0.489 579	0.664 503
福建	0.879 495	0.713 855	0.585 138	0.716 199
江西	0.856 940	0.705 967	0.492 658	0.667 975
山东	0.890 536	0.711 410	0.586 620	0.718 968
河南	0.860 726	0.685 140	0.513 700	0.671 611
湖北	0.865 457	0.705 713	0.533 793	0.688 254
湖南	0.862 776	0.714 560	0.512 867	0.681 261
广东	0.891 009	0.714 221	0.597 475	0.724 455
广西	0.869 243	0.686 214	0.489 657	0.663 485
海南	0.888 013	0.691 636	0.508 979	0.678 681
重庆	0.878 549	0.705 288	0.529 785	0.689 833
四川	0.863 565	0.684 028	0.493 757	0.663 174
贵州	0.805 994	0.653 406	0.425 120	0.607 214
云南	0.781 388	0.637 651	0.449 634	0.607 346
西藏	0.759 779	0.618 285	0.460 332	0.600 227
陕西	0.862 461	0.728 056	0.527 858	0.692 055
甘肃	0.823 817	0.687 977	0.453 227	0.635 682
青海	0.788 013	0.701 734	0.510 354	0.655 932
宁夏	0.841 956	0.707 970	0.525 666	0.679 211
新疆	0.825 710	0.709 616	0.515 625	0.671 009

表 A-11　2011年各地区人类发展指数统计表

地区	预期寿命指数	教育指数	收入指数	HDI
北京	0.958 149	0.841 490	0.689 761	0.822 357
天津	0.937 583	0.803 886	0.694 922	0.806 084
河北	0.872 358	0.712 630	0.565 722	0.705 863
山西	0.873 410	0.724 581	0.554 367	0.705 290
内蒙古	0.868 686	0.763 074	0.642 463	0.752 361
辽宁	0.895 934	0.742 534	0.623 585	0.745 812
吉林	0.892 867	0.738 215	0.591 752	0.730 640
黑龙江	0.890 874	0.725 674	0.561 254	0.713 245
上海	0.955 117	0.771 393	0.692 043	0.798 893
江苏	0.899 176	0.729 932	0.652 770	0.753 869
浙江	0.917 206	0.724 834	0.645 654	0.754 342
安徽	0.875 846	0.699 924	0.525 896	0.685 687
福建	0.886 527	0.720 259	0.616 331	0.732 821
江西	0.868 726	0.708 798	0.528 322	0.687 756
山东	0.896 101	0.722 470	0.612 915	0.734 839
河南	0.867 363	0.694 930	0.541 989	0.688 722
湖北	0.873 760	0.724 124	0.570 580	0.712 045
湖南	0.871 626	0.721 770	0.547 540	0.700 995
广东	0.898 063	0.723 371	0.623 419	0.739 859
广西	0.877 611	0.696 339	0.523 618	0.683 984
海南	0.895 417	0.701 271	0.542 378	0.698 347
重庆	0.887 246	0.722 899	0.567 573	0.714 027
四川	0.871 342	0.693 691	0.528 565	0.683 625
贵州	0.817 254	0.670 832	0.462 225	0.632 812
云南	0.790 260	0.651 393	0.484 508	0.629 464
西藏	0.768 104	0.630 039	0.490 288	0.619 079
陕西	0.872 560	0.739 269	0.563 899	0.713 838

续表

地区	预期寿命指数	教育指数	收入指数	HDI
甘肃	0.834 245	0.701 261	0.487 290	0.658 143
青海	0.796 622	0.707 413	0.545 551	0.674 922
宁夏	0.848 988	0.712 967	0.561 609	0.697 914
新疆	0.836 532	0.722 403	0.548 033	0.691 868

表 A－12　2012 年各地区人类发展指数统计表

地区	预期寿命指数	教育指数	收入指数	HDI
北京	0.962 618	0.851 718	0.704 213	0.832 692
天津	0.941 943	0.810 909	0.712 012	0.816 259
河北	0.875 020	0.717 286	0.580 634	0.714 284
山西	0.876 991	0.719 042	0.568 681	0.710 460
内蒙古	0.873 692	0.761 892	0.660 706	0.760 478
辽宁	0.899 264	0.761 626	0.643 634	0.761 066
吉林	0.896 241	0.746 214	0.614 340	0.743 417
黑龙江	0.894 828	0.727 129	0.577 645	0.721 668
上海	0.957 440	0.781 312	0.701 505	0.806 595
江苏	0.902 156	0.736 994	0.670 425	0.763 892
浙江	0.920 524	0.738 754	0.659 613	0.765 493
安徽	0.879 384	0.713 782	0.546 563	0.700 048
福建	0.890 043	0.714 817	0.633 017	0.738 483
江西	0.874 619	0.707 937	0.546 590	0.696 881
山东	0.898 883	0.728 900	0.630 471	0.744 753
河南	0.870 682	0.695 294	0.559 532	0.697 083
湖北	0.877 911	0.750 050	0.591 032	0.730 103
湖南	0.876 052	0.716 083	0.567 934	0.708 919
广东	0.901 590	0.720 492	0.636 521	0.744 990
广西	0.881 795	0.686 551	0.541 989	0.689 727
海南	0.899 119	0.716 151	0.562 793	0.712 946

续表

地区	预期寿命指数	教育指数	收入指数	HDI
重庆	0.891 594	0.722 752	0.589 314	0.724 160
四川	0.875 230	0.704 717	0.550 572	0.697 670
贵州	0.822 884	0.683 886	0.492 215	0.651 867
云南	0.794 696	0.662 046	0.509 097	0.644 610
西藏	0.772 266	0.624 018	0.513 135	0.627 671
陕西	0.877 609	0.746 783	0.588 461	0.727 899
甘肃	0.839 458	0.706 679	0.507 724	0.670 322
青海	0.800 927	0.705 651	0.566 538	0.684 128
宁夏	0.852 504	0.716 223	0.579 541	0.707 310
新疆	0.841 943	0.717 158	0.568 965	0.700 370

表 A-13　2013 年各地区人类发展指数统计表

地区	预期寿命指数	教育指数	收入指数	HDI
北京	0.964 853	0.852 763	0.715 394	0.838 066
天津	0.944 122	0.814 215	0.723 579	0.822 402
河北	0.876 351	0.723 247	0.590 667	0.720 724
山西	0.878 782	0.724 558	0.575 501	0.715 594
内蒙古	0.876 195	0.754 356	0.670 483	0.762 410
辽宁	0.900 929	0.771 560	0.657 817	0.770 410
吉林	0.897 928	0.751 921	0.629 732	0.751 951
黑龙江	0.896 805	0.725 216	0.586 562	0.725 259
上海	0.958 601	0.784 929	0.711 055	0.811 815
江苏	0.903 645	0.736 846	0.684 902	0.769 723
浙江	0.922 184	0.746 518	0.672 483	0.773 594
安徽	0.881 153	0.719 173	0.547 462	0.702 661
福建	0.891 801	0.723 450	0.648 155	0.747 799
江西	0.877 565	0.720 209	0.562 519	0.708 421
山东	0.900 274	0.733 331	0.644 451	0.752 122

续表

地区	预期寿命指数	教育指数	收入指数	HDI
河南	0.872 342	0.696 864	0.573 190	0.703 684
湖北	0.879 987	0.758 720	0.608 968	0.740 828
湖南	0.878 264	0.729 575	0.583 141	0.720 260
广东	0.903 354	0.718 675	0.649 997	0.750 068
广西	0.883 888	0.696 225	0.556 805	0.699 761
海南	0.900 970	0.726 101	0.577 303	0.722 832
重庆	0.893 769	0.729 001	0.604 860	0.733 167
四川	0.877 174	0.707 959	0.565 577	0.705 551
贵州	0.825 699	0.703 135	0.515 680	0.668 980
云南	0.796 914	0.670 861	0.528 516	0.656 197
西藏	0.774 347	0.627 471	0.533 467	0.637 596
陕西	0.880 134	0.762 749	0.604 903	0.740 523
甘肃	0.842 065	0.703 447	0.524 264	0.677 188
青海	0.803 079	0.729 271	0.582 090	0.698 574
宁夏	0.854 262	0.738 815	0.592 975	0.720 644
新疆	0.844 648	0.723 772	0.584 339	0.709 547

表 A－14　2014 年各地区人类发展指数统计表

地区	预期寿命指数	教育指数	收入指数	HDI
北京	0.965 970	0.834 559	0.728 275	0.837 347
天津	0.945 212	0.813 564	0.734 704	0.826 694
河北	0.877 016	0.740 678	0.597 748	0.729 545
山西	0.879 678	0.742 602	0.579 108	0.723 236
内蒙古	0.877 446	0.761 007	0.680 359	0.768 745
辽宁	0.901 761	0.775 088	0.668 268	0.775 886
吉林	0.898 771	0.751 189	0.639 060	0.755 637
黑龙江	0.897 793	0.765 624	0.597 775	0.743 435
上海	0.959 181	0.790 455	0.725 393	0.819 314

续表

地区	预期寿命指数	教育指数	收入指数	HDI
江苏	0.904 390	0.743 669	0.700 714	0.778 201
浙江	0.923 014	0.735 512	0.684 340	0.774 503
安徽	0.882 037	0.732 945	0.576 179	0.719 513
福建	0.892 680	0.740 823	0.663 831	0.760 016
江西	0.879 039	0.729 720	0.565 118	0.713 019
山东	0.900 969	0.738 504	0.658 057	0.759 350
河南	0.873 171	0.735 591	0.587 243	0.722 522
湖北	0.881 025	0.756 812	0.628 522	0.748 340
湖南	0.879 370	0.732 070	0.598 780	0.727 775
广东	0.904 236	0.728 565	0.663 892	0.759 071
广西	0.884 934	0.708 960	0.570 614	0.710 054
海南	0.901 896	0.727 346	0.593 824	0.730 329
重庆	0.894 856	0.746 643	0.623 476	0.746 842
四川	0.878 146	0.714 721	0.579 416	0.713 780
贵州	0.827 106	0.712 068	0.538 876	0.682 115
云南	0.798 023	0.677 978	0.542 987	0.664 773
西藏	0.775 388	0.631 560	0.552 035	0.646 597
陕西	0.881 396	0.768 782	0.620 979	0.749 348
甘肃	0.843 369	0.727 342	0.538 723	0.691 365
青海	0.804 155	0.738 545	0.596 534	0.707 594
宁夏	0.855 141	0.729 479	0.603 829	0.722 196
新疆	0.846 001	0.742 813	0.599 570	0.722 265

表 A-15　2015 年各地区人类发展指数统计表

地区	预期寿命指数	教育指数	收入指数	HDI
北京	0.966 342	0.867 877	0.729 686	0.849 001
天津	0.945 576	0.826 070	0.735 877	0.831 457
河北	0.877 238	0.737 784	0.597 033	0.728 363

续表

地区	预期寿命指数	教育指数	收入指数	HDI
山西	0.879 976	0.748 243	0.576 706	0.724 140
内蒙古	0.877 864	0.778 881	0.680 956	0.775 067
辽宁	0.902 039	0.765 167	0.669 132	0.772 973
吉林	0.899 052	0.755 558	0.639 403	0.757 313
黑龙江	0.898 123	0.738 365	0.598 988	0.735 092
上海	0.959 375	0.803 672	0.728 013	0.824 902
江苏	0.904 638	0.754 377	0.703 981	0.783 204
浙江	0.923 290	0.738 486	0.685 847	0.776 192
安徽	0.882 332	0.728 641	0.584 732	0.721 718
福建	0.892 973	0.741 391	0.667 039	0.761 516
江西	0.879 530	0.718 131	0.562 214	0.708 139
山东	0.901 201	0.749 329	0.660 351	0.763 994
河南	0.873 448	0.711 815	0.589 736	0.715 738
湖北	0.881 371	0.764 014	0.633 392	0.752 739
湖南	0.879 739	0.745 895	0.601 972	0.733 730
广东	0.904 530	0.739 035	0.666 315	0.763 699
广西	0.885 282	0.707 594	0.572 999	0.710 678
海南	0.902 205	0.730 029	0.597 400	0.732 774
重庆	0.895 218	0.743 836	0.627 950	0.747 785
四川	0.878 470	0.715 009	0.581 814	0.714 948
贵州	0.827 576	0.701 493	0.545 250	0.681 515
云南	0.798 393	0.683 969	0.545 665	0.667 923
西藏	0.775 735	0.651 279	0.556 489	0.655 107
陕西	0.881 817	0.772 411	0.624 361	0.752 005
甘肃	0.843 803	0.732 068	0.541 397	0.694 122
青海	0.804 514	0.718 489	0.599 200	0.702 277
宁夏	0.855 434	0.752 726	0.604 878	0.730 293
新疆	0.846 452	0.731 455	0.602 583	0.719 894

表 B-1　2001 年各地区人均生态足迹统计表

地区	生产生态足迹	消费生态足迹	污染生态足迹	水资源生态足迹	总人均生态足迹
北京	2.996 930	0.164 165	0.068 720	0.004 234	3.234 048
天津	3.208 970	0.224 179	0.116 657	0.003 882	3.553 688
河北	5.172 184	0.105 376	0.083 296	0.005 356	5.366 212
山西	2.034 532	0.240 501	4.748 132	0.002 524	2.433 860
内蒙古	7.635 105	0.132 014	0.115 148	0.012 666	7.894 934
辽宁	0.095 175	0.184 876	2.890 471	0.040 701	3.211 223
吉林	0.052 010	3.711 333	0.198 406	0.098 084	4.059 834
黑龙江	0.048 454	4.851 257	0.249 078	0.106 960	5.255 748
上海	1.472 409	0.237 387	0.145 409	0.000 046	1.855 251
江苏	2.299 154	0.076 195	0.084 515	0.000 022	2.459 886
浙江	1.663 286	0.082 134	0.066 803	0.000 017	1.812 240
安徽	2.781 520	0.056 667	0.035 398	0.000 021	2.873 606
福建	3.261 578	0.044 876	0.038 378	0.000 058	3.344 890
江西	3.069 592	0.038 402	0.041 356	0.000 039	3.149 389
山东	4.168 252	0.076 754	0.086 588	0.000 028	4.331 623
河南	4.318 529	0.053 462	0.046 125	0.000 017	4.418 133
湖北	2.476 949	0.065 734	0.052 161	0.000 020	2.594 864
湖南	3.766 542	0.037 746	0.060 892	0.000 015	3.865 195
广东	1.642 803	0.065 109	0.063 334	0.000 013	1.771 260
广西	4.585 856	0.026 957	0.076 749	0.000 022	4.689 584
海南	15.918 589	0.015 534	0.024 624	0.000 006	15.958 754
重庆	2.939 280	0.054 269	0.115 695	0.000 019	3.109 262
四川	2.943 141	0.036 330	0.065 747	0.000 022	3.045 239
贵州	3.787 750	0.067 435	0.153 663	0.000 023	4.008 872
云南	4.981 718	0.041 829	0.042 608	0.000 028	5.066 184
西藏	13.701 652	0.083 521	0.025 140	0.000 004	13.810 317
陕西	3.423 382	0.009 629	0.074 061	0.000 026	3.507 098

续表

地区	生产生态足迹	消费生态足迹	污染生态足迹	水资源生态足迹	总人均生态足迹
甘肃	2.318 505	0.084 019	0.071 386	0.000 020	2.473 930
青海	7.351 065	0.084 429	0.034 575	0.000 027	7.470 097
宁夏	5.390 153	0.233 223	0.177 005	0.000 030	5.800 411
新疆	9.373 700	0.165 399	0.071 323	0.000 018	9.610 440

表 B-2 2002 年各地区人均生态足迹统计表

地区	生产生态足迹	消费生态足迹	污染生态足迹	水资源生态足迹	总人均生态足迹
北京	3.468 354	0.158 218	0.064 562	0.004 154	3.695 288
天津	3.600 554	0.221 275	0.103 103	0.003 891	3.928 824
河北	5.074 828	0.116 038	0.082 363	0.005 304	5.278 533
山西	2.017 707	0.291 320	4.342 802	0.002 618	2.466 885
内蒙古	7.922 205	0.145 141	0.129 748	0.012 730	8.209 824
辽宁	0.090 098	0.190 863	2.996 834	0.004 165	3.281 960
吉林	0.052 372	3.780 748	0.191 980	0.101 889	4.126 989
黑龙江	0.048 261	5.013 273	0.254 943	0.105 985	5.422 461
上海	1.265 234	0.237 098	0.134 988	0.000 045	1.637 365
江苏	2.250 720	0.081 679	0.082 528	0.000 023	2.414 950
浙江	1.598 432	0.088 487	0.069 252	0.000 019	1.756 190
安徽	2.817 900	0.059 188	0.035 704	0.000 022	2.912 815
福建	3.116 037	0.052 209	0.037 535	0.000 047	3.205 828
江西	3.741 060	0.039 538	0.040 247	0.000 052	3.820 897
山东	3.972 227	0.083 162	0.084 642	0.000 030	4.140 061
河南	4.325 723	0.057 941	0.047 647	0.000 018	4.431 330
湖北	2.313 925	0.070 036	0.052 305	0.000 021	2.436 289
湖南	3.799 390	0.040 149	0.059 662	0.000 015	3.899 217
广东	1.536 910	0.068 682	0.062 225	0.000 014	1.667 831
广西	4.376 599	0.027 593	0.075 236	0.000 021	4.479 448
海南	15.465 660	0.068 899	0.025 768	0.000 007	15.560 334

续表

地区	生产生态足迹	消费生态足迹	污染生态足迹	水资源生态足迹	总人均生态足迹
重庆	2.546 251	0.059 713	0.113 057	0.000 020	2.719 042
四川	3.207 622	0.041 847	0.065 299	0.000 022	3.314 790
贵州	3.605 772	0.069 845	0.146 027	0.000 028	3.821 672
云南	4.799 120	0.047 340	0.042 793	0.000 030	4.889 283
西藏	12.421 939	0.085 703	0.024 518	0.000 003	12.532 164
陕西	2.912 492	0.009 916	0.076 116	0.000 030	2.998 555
甘肃	2.223 404	0.095 143	0.080 237	0.000 026	2.398 811
青海	6.672 433	0.085 519	0.031 832	0.000 024	6.789 808
宁夏	5.360 985	0.246 019	0.190 455	0.000 032	5.797 490
新疆	9.167 126	0.168 708	0.069 414	0.000 022	9.405 270

表 B-3 2003 年各地区人均生态足迹统计表

地区	生产生态足迹	消费生态足迹	污染生态足迹	水资源生态足迹	总人均生态足迹
北京	3.414 202	0.159 955	0.060 440	0.004 092	3.638 689
天津	3.656 159	0.228 607	0.112 107	0.003 897	4.000 770
河北	5.356 658	0.130 373	0.090 794	0.005 254	5.583 080
山西	1.991 107	0.327 281	4.133 580	0.002 714	2.496 146
内蒙古	10.023 690	0.188 808	0.226 373	0.012 799	10.451 670
辽宁	0.092 997	0.207 025	3.237 006	0.004 111	3.541 138
吉林	0.053 386	3.987 379	0.192 064	0.115 027	4.347 856
黑龙江	0.056 139	5.028 446	0.255 412	0.118 576	5.458 574
上海	1.017 068	0.256 573	0.131 688	0.000 035	1.405 363
江苏	2.152 660	0.092 121	0.088 650	0.000 019	2.333 450
浙江	1.518 198	0.103 000	0.077 760	0.000 015	1.698 973
安徽	2.760 648	0.065 684	0.039 835	0.000 021	2.866 188
福建	3.193 058	0.061 045	0.051 454	0.000 031	3.305 587
江西	3.145 034	0.046 415	0.054 475	0.000 052	3.245 976
山东	4.221 534	0.100 897	0.091 125	0.000 027	4.413 584

续表

地区	生产生态足迹	消费生态足迹	污染生态足迹	水资源生态足迹	总人均生态足迹
河南	4.322 066	0.059 079	0.051 799	0.000 017	4.432 961
湖北	3.219 578	0.077 951	0.057 335	0.000 020	3.354 884
湖南	3.828 153	0.045 211	0.066 261	0.000 015	3.939 640
广东	1.499 368	0.076 862	0.066 884	0.000 010	1.643 124
广西	4.285 626	0.032 543	0.091 718	0.000 024	4.409 911
海南	15.021 813	0.059 909	0.026 025	0.000 004	15.107 752
重庆	2.703 389	0.053 966	0.123 854	0.000 017	2.881 226
四川	3.173 035	0.052 402	0.069 373	0.000 023	3.294 833
贵州	3.387 591	0.087 620	0.144 936	0.000 035	3.620 182
云南	4.903 923	0.062 062	0.050 799	0.000 028	5.016 813
西藏	12.579 516	0.091 896	0.023 783	0.000 001	12.695 197
陕西	3.162 533	0.010 500	0.090 458	0.000 029	3.263 521
甘肃	2.295 433	0.108 087	0.091 615	0.000 030	2.495 165
青海	6.286 404	0.094 695	0.053 611	0.000 026	6.434 737
宁夏	5.553 895	0.270 622	0.238 756	0.000 037	6.063 310
新疆	8.945 869	0.177 850	0.076 486	0.000 021	9.200 226

表 B-4 2004 年各地区人均生态足迹统计表

地区	生产生态足迹	消费生态足迹	污染生态足迹	水资源生态足迹	总人均生态足迹
北京	3.178 477	0.174 778	0.061 610	0.004 077	3.418 941
天津	3.497 151	0.252 819	0.097 922	0.003 795	3.851 688
河北	5.406 196	0.151 044	0.091 202	0.005 069	5.653 511
山西	1.877 208	0.345 901	3.807 243	0.002 952	2.406 475
内蒙古	12.277 634	0.239 322	0.207 358	0.012 624	12.736 937
辽宁	0.093 537	0.229 227	3.543 478	0.004 152	3.870 395
吉林	0.056 409	4.228 374	0.502 935	0.123 148	4.910 867
黑龙江	0.058 591	5.158 337	0.536 811	0.128 670	5.882 409
上海	0.629 684	0.261 375	0.131 817	0.000 047	1.022 923

续表

地区	生产生态足迹	消费生态足迹	污染生态足迹	水资源生态足迹	总人均生态足迹
江苏	1.981 041	0.112 178	0.088 689	0.000 026	2.181 935
浙江	1.395 343	0.119 350	0.083 399	0.000 022	1.598 114
安徽	2.764 378	0.067 816	0.041 872	0.000 024	2.874 091
福建	3.323 335	0.071 171	0.054 748	0.000 037	3.449 291
江西	3.827 861	0.056 250	0.062 419	0.000 057	3.946 587
山东	4.079 068	0.126 837	0.089 962	0.000 036	4.295 903
河南	4.405 847	0.082 509	0.060 803	0.000 021	4.549 181
湖北	2.933 079	0.085 848	0.063 287	0.000 026	3.082 240
湖南	4.141 692	0.055 219	0.067 762	0.000 020	4.264 693
广东	1.421 857	0.086 229	0.068 945	0.000 016	1.577 047
广西	4.628 326	0.042 087	0.096 646	0.000 026	4.767 085
海南	16.336 532	0.052 708	0.026 960	0.000 009	16.416 208
重庆	3.665 103	0.061 341	0.128 379	0.000 022	3.854 844
四川	3.032 347	0.060 694	0.073 472	0.000 028	3.166 541
贵州	3.393 309	0.100 544	0.143 019	0.000 044	3.636 917
云南	5.040 084	0.076 578	0.053 023	0.000 035	5.169 719
西藏	12.089 521	0.103 267	0.021 529	0.000 007	12.214 323
陕西	3.120 211	0.011 358	0.096 533	0.000 041	3.228 142
甘肃	2.211 828	0.136 127	0.089 646	0.000 034	2.437 635
青海	5.742 400	0.098 664	0.065 100	0.000 038	5.906 201
宁夏	5.466 993	0.255 290	0.233 789	0.000 048	5.956 120
新疆	9.108 960	0.194 915	0.107 447	0.000 027	9.411 349

表 B-5 2005 年各地区人均生态足迹统计表

地区	生产生态足迹	消费生态足迹	污染生态足迹	水资源生态足迹	总人均生态足迹
北京	2.514 484	0.174 905	0.059 754	0.003 952	2.753 095
天津	3.297 395	0.255 637	0.112 646	0.003 900	3.669 578
河北	5.541 803	0.185 839	0.094 700	0.005 189	5.827 531

续表

地区	生产生态足迹	消费生态足迹	污染生态足迹	水资源生态足迹	总人均生态足迹
山西	1.827 198	0.377 999	3.704 893	0.002 926	2.399 978
内蒙古	14.126 041	0.294 397	0.254 520	0.012 812	14.687 770
辽宁	0.130 253	0.260 380	3.888 841	0.004 212	4.283 686
吉林	0.071 700	4.319 897	0.757 894	0.150 728	5.300 220
黑龙江	0.073 697	5.172 776	0.776 481	0.146 167	6.169 121
上海	0.578 479	0.271 564	0.137 199	0.000 049	0.987 291
江苏	1.883 184	0.141 430	0.095 953	0.000 031	2.120 597
浙江	1.308 361	0.137 281	0.086 928	0.000 024	1.532 593
安徽	2.714 746	0.073 073	0.048 216	0.000 027	2.836 063
福建	3.657 323	0.086 672	0.070 798	0.000 041	3.814 834
江西	3.767 758	0.061 284	0.071 309	0.000 060	3.900 411
山东	4.035 183	0.170 315	0.097 526	0.000 040	4.303 063
河南	4.598 351	0.103 286	0.079 309	0.000 026	4.780 972
湖北	3.360 173	0.094 712	0.065 480	0.000 029	3.520 394
湖南	5.103 493	0.080 885	0.075 021	0.000 022	5.259 420
广东	1.523 180	0.095 902	0.076 110	0.000 018	1.695 210
广西	5.046 978	0.050 084	0.110 803	0.000 028	5.207 893
海南	13.888 534	0.043 422	0.026 010	0.000 009	13.957 975
重庆	2.678 717	0.073 070	0.135 026	0.000 026	2.886 839
四川	2.837 208	0.059 467	0.074 440	0.000 031	2.971 147
贵州	3.355 506	0.114 681	0.154 070	0.000 048	3.624 306
云南	5.465 150	0.088 966	0.056 642	0.000 039	5.610 797
西藏	11.543 163	0.116 059	0.026 014	0.000 007	11.685 243
陕西	2.935 783	0.012 567	0.108 356	0.000 048	3.056 754
甘肃	2.324 442	0.156 080	0.102 320	0.000 036	2.582 878
青海	5.554 393	0.104 413	0.104 706	0.000 046	5.763 558
宁夏	5.493 881	0.282 203	0.268 544	0.000 049	6.044 677
新疆	9.379 274	0.211 933	0.113 230	0.000 029	9.704 466

表 B-6 2006 年各地区人均生态足迹统计表

地区	生产生态足迹	消费生态足迹	污染生态足迹	水资源生态足迹	总人均生态足迹
北京	1.948 871	0.172 760	0.054 109	0.003 774	2.179 514
天津	3.075 149	0.255 265	0.104 838	0.003 763	3.439 014
河北	5.616 895	0.198 395	0.097 310	0.005 210	5.917 809
山西	1.814 781	0.416 145	3.630 479	0.003 095	2.420 290
内蒙古	15.106 412	0.344 041	0.270 326	0.013 035	15.733 814
辽宁	0.134 827	0.276 533	3.948 886	0.004 150	4.364 396
吉林	0.075 769	4.400 811	0.662 841	0.164 073	5.303 494
黑龙江	0.075 495	5.088 842	0.679 610	0.154 184	5.998 131
上海	0.473 831	0.260 226	0.132 341	0.000 050	0.866 448
江苏	1.850 602	0.153 480	0.091 848	0.000 038	2.095 967
浙江	1.202 217	0.152 483	0.085 843	0.000 027	1.440 569
安徽	2.746 874	0.078 637	0.050 335	0.000 032	2.875 877
福建	3.116 182	0.094 178	0.071 199	0.000 046	3.281 604
江西	3.757 428	0.066 364	0.073 070	0.000 063	3.896 925
山东	3.930 008	0.190 601	0.095 679	0.000 046	4.216 335
河南	4.884 949	0.116 850	0.079 867	0.000 031	5.081 698
湖北	3.058 617	0.105 140	0.068 983	0.000 032	3.232 773
湖南	5.711 740	0.086 142	0.075 500	0.000 024	5.873 406
广东	1.349 555	0.103 844	0.073 193	0.000 018	1.526 609
广西	5.118 005	0.054 376	0.106 405	0.000 031	5.278 818
海南	13.427 698	0.063 951	0.027 263	0.000 008	13.518 920
重庆	2.342 248	0.079 317	0.138 279	0.000 026	2.559 869
四川	2.942 846	0.066 744	0.073 683	0.000 036	3.083 309
贵州	3.237 578	0.134 063	0.167 778	0.000 058	3.539 478
云南	5.636 659	0.097 402	0.058 950	0.000 049	5.793 060
西藏	11.391 918	0.130 483	0.026 069	0.000 020	11.548 490
陕西	2.873 736	0.014 015	0.114 941	0.000 049	3.002 741

续表

地区	生产生态足迹	消费生态足迹	污染生态足迹	水资源生态足迹	总人均生态足迹
甘肃	2.463 567	0.189 094	0.099 538	0.000 040	2.752 240
青海	5.428 061	0.127 840	0.108 853	0.000 062	5.664 815
宁夏	5.615 912	0.304 852	0.291 173	0.000 053	6.211 990
新疆	9.767 946	0.231 109	0.117 392	0.000 033	10.116 480

表 B-7 2007 年各地区人均生态足迹统计表

地区	生产生态足迹	消费生态足迹	污染生态足迹	水资源生态足迹	总人均生态足迹
北京	1.446 463	0.175 160	0.045 987	0.003 659	1.671 270
天津	2.191 987	0.261 452	0.097 503	0.003 692	2.554 635
河北	4.456 766	0.216 436	0.093 401	0.005 138	4.771 741
山西	1.464 054	0.427 921	4.001 346	0.003 050	2.069 162
内蒙古	14.262 840	0.395 032	0.251 525	0.013 058	14.922 455
辽宁	0.131 905	0.297 093	3.503 912	0.005 215	3.938 124
吉林	0.074 062	3.848 922	0.591 760	0.172 733	4.687 477
黑龙江	0.075 192	4.805 617	0.641 277	0.165 879	5.687 966
上海	0.386 166	0.254 292	0.124 239	0.000 050	0.764 747
江苏	1.457 300	0.164 246	0.086 579	0.000 038	1.708 164
浙江	1.057 054	0.167 852	0.079 762	0.000 030	1.304 698
安徽	2.398 760	0.087 397	0.049 307	0.000 037	2.535 501
福建	3.016 375	0.104 912	0.068 982	0.000 051	3.190 321
江西	3.582 929	0.072 112	0.072 702	0.000 066	3.727 808
山东	3.363 899	0.209 990	0.089 205	0.000 049	3.663 142
河南	4.016 130	0.129 783	0.077 337	0.000 037	4.223 287
湖北	3.650 507	0.116 186	0.065 170	0.000 034	3.831 896
湖南	3.899 467	0.094 428	0.073 400	0.000 029	4.067 323
广东	1.279 507	0.110 379	0.069 311	0.000 021	1.459 218
广西	5.124 849	0.061 469	0.104 961	0.000 036	5.291 315
海南	13.31 4030	0.113 197	0.027 964	0.000 010	13.455 202

续表

地区	生产生态足迹	消费生态足迹	污染生态足迹	水资源生态足迹	总人均生态足迹
重庆	2.314 358	0.086 240	0.132 371	0.000 029	2.532 998
四川	2.746 419	0.074 885	0.068 753	0.000 045	2.890 102
贵州	3.023 386	0.145 291	0.160 500	0.000 061	3.329 238
云南	5.381 992	0.101 010	0.057 281	0.000 058	5.540 342
西藏	10.814 781	0.140 173	0.026 764	0.000 003	10.981 721
陕西	2.820 114	0.014 751	0.109 155	0.000 056	2.944 077
甘肃	2.303 025	0.208 122	0.095 598	0.000 046	2.606 791
青海	6.019 900	0.139 755	0.111 846	0.000 077	6.271 579
宁夏	5.213 313	0.343 077	0.279 373	0.000 068	5.835 831
新疆	8.428 306	0.242 828	0.121 466	0.000 042	8.792 642

表B-8 2008年各地区人均生态足迹统计表

地区	生产生态足迹	消费生态足迹	污染生态足迹	水资源生态足迹	总人均生态足迹
北京	1.197 376	0.169 220	0.037 173	0.003 490	1.407 259
天津	2.065 638	0.252 829	0.091 164	0.003 345	2.412 976
河北	4.437 345	0.224 055	0.084 312	0.004 916	4.750 629
山西	1.439 698	0.418 940	3.229 954	0.002 940	2.025 031
内蒙古	14.400 547	0.469 021	0.246 189	0.012 671	15.128 428
辽宁	0.121 150	0.303 591	3.631 932	0.004 600	4.061 273
吉林	0.071 868	3.566 856	0.506 425	0.178 849	4.323 997
黑龙江	0.074 898	4.896 238	0.576 852	0.176 425	5.724 412
上海	0.403 946	0.258 069	0.109 560	0.000 051	0.771 626
江苏	1.424 884	0.169 518	0.081 499	0.000 040	1.675 941
浙江	1.106 629	0.169 976	0.074 939	0.000 032	1.351 575
安徽	2.287 824	0.099 866	0.048 939	0.000 047	2.436 675
福建	2.859 316	0.109 650	0.066 950	0.000 057	3.035 973
江西	3.182 128	0.073 068	0.068 481	0.000 069	3.323 745
山东	3.322 776	0.226 075	0.083 374	0.000 053	3.632 277

续表

地区	生产生态足迹	消费生态足迹	污染生态足迹	水资源生态足迹	总人均生态足迹
河南	4.184 053	0.133 408	0.072 312	0.000 039	4.389 812
湖北	3.905 630	0.116 200	0.062 897	0.000 036	4.084 763
湖南	3.963 732	0.093 309	0.068 833	0.000 028	4.125 902
广东	1.175 028	0.111 955	0.064 694	0.000 024	1.351 702
广西	5.377 506	0.060 697	0.100 351	0.000 042	5.538 596
海南	14.051 338	0.119 127	0.025 928	0.000 013	14.196 405
重庆	2.443 451	0.106 262	0.125 699	0.000 032	2.675 444
四川	2.688 178	0.082 938	0.067 022	0.000 043	2.838 182
贵州	3.166 015	0.136 672	0.146 585	0.000 060	3.449 331
云南	5.604 184	0.103 895	0.054 122	0.000 065	5.762 267
西藏	11.927 197	0.153 627	0.027 028	0.000 004	12.107 855
陕西	2.971 303	0.016 056	0.105 216	0.000 062	3.092 638
甘肃	2.350 782	0.234 749	0.092 221	0.000 049	2.677 801
青海	4.831 534	0.171 829	0.113 759	0.000 091	5.117 213
宁夏	5.509 529	0.371 606	0.261 958	0.000 072	6.143 164
新疆	6.926 265	0.260 531	0.121 527	0.000 046	7.308 369

表 B-9 2009 年各地区人均生态足迹统计表

地区	生产生态足迹	消费生态足迹	污染生态足迹	水资源生态足迹	总人均生态足迹
北京	1.145 764	0.165 193	0.036 455	0.003 362	1.350 774
天津	1.972 032	0.248 158	0.086 132	0.003 353	2.309 675
河北	4.091 620	0.237 934	0.078 525	0.004 852	4.412 931
山西	1.540 043	0.412 371	3.226 631	0.002 893	2.113 001
内蒙古	14.662 831	0.506 978	0.239 404	0.012 991	15.422 203
辽宁	0.112 905	0.312 269	3.674 006	0.004 641	4.103 821
吉林	0.070 057	3.579 979	0.546 858	0.182 513	4.379 407
黑龙江	0.073 996	5.178 495	0.639 388	0.183 564	6.075 443
上海	0.398 110	0.248 953	0.094 486	0.000 048	0.741 597

续表

地区	生产生态足迹	消费生态足迹	污染生态足迹	水资源生态足迹	总人均生态足迹
江苏	1.452 073	0.175 665	0.078 032	0.000 041	1.705 812
浙江	1.005 013	0.174 427	0.070 652	0.000 033	1.250 124
安徽	2.306 961	0.110 096	0.048 703	0.000 052	2.465 813
福建	2.761 631	0.127 331	0.065 942	0.000 066	2.954 970
江西	3.318 768	0.075 781	0.066 698	0.000 074	3.461 320
山东	3.307 639	0.233 714	0.078 835	0.000 057	3.620 246
河南	4.179 274	0.135 601	0.068 098	0.000 043	4.383 016
湖北	3.957 119	0.124 696	0.061 385	0.000 039	4.143 239
湖南	4.183 062	0.097 886	0.066 913	0.000 031	4.347 893
广东	1.251 942	0.117 419	0.060 618	0.000 024	1.430 003
广西	5.199 875	0.066 793	0.095 280	0.000 044	5.361 992
海南	13.940 946	0.125 437	0.025 335	0.000 012	14.091 729
重庆	2.189 826	0.113 680	0.119 831	0.000 035	2.423 371
四川	2.630 991	0.092 818	0.066 301	0.000 040	2.790 150
贵州	3.033 543	0.152 070	0.142 358	0.000 076	3.328 047
云南	5.927 858	0.112 416	0.053 571	0.000 070	6.093 915
西藏	10.903 386	0.177 629	0.022 727	0.000 004	11.103 746
陕西	3.225 398	0.018 031	0.095 732	0.000 057	3.339 218
甘肃	2.356 978	0.253 696	0.091 773	0.000 048	2.702 495
青海	4.831 862	0.171 541	0.114 781	0.000 092	5.118 277
宁夏	5.547 553	0.403 900	0.236 685	0.000 084	6.188 222
新疆	6.553 154	0.294 293	0.121 440	0.000 058	6.968 945

表 B-10 2010 年各地区人均生态足迹统计表

地区	生产生态足迹	消费生态足迹	污染生态足迹	水资源生态足迹	总人均生态足迹
北京	1.027 947	0.159 263	0.033 431	0.003 161	1.223 802
天津	1.835 997	0.238 802	0.081 648	0.003 050	2.159 498
河北	3.915 476	0.249 876	0.075 847	0.004 743	4.245 942

续表

地区	生产生态足迹	消费生态足迹	污染生态足迹	水资源生态足迹	总人均生态足迹
山西	1.465 534	0.424 798	3.226 029	0.003 144	2.042 741
内蒙古	14.536 509	0.557 875	0.238 301	0.012 963	15.345 648
辽宁	0.109 199	0.339 420	3.761 405	0.004 711	4.214 736
吉林	0.069 904	3.680 136	0.568 451	0.203 147	4.521 637
黑龙江	0.074 788	5.363 127	0.619 856	0.199 065	6.256 836
上海	0.375 759	0.262 018	0.088 015	0.000 049	0.725 841
江苏	1.454 383	0.194 955	0.076 809	0.000 012	1.726 159
浙江	0.947 080	0.181 933	0.067 556	0.000 011	1.196 580
安徽	2.346 972	0.120 306	0.049 831	0.000 005	2.517 113
福建	2.753 156	0.140 106	0.064 023	0.000 011	2.957 296
江西	2.998 703	0.087 718	0.065 912	0.000 004	3.152 337
山东	3.250 702	0.254 949	0.076 337	0.000 007	3.581 995
河南	4.446 375	0.147 980	0.068 138	0.000 006	4.662 500
湖北	4.018 420	0.143 180	0.060 788	0.000 013	4.222 401
湖南	3.957 036	0.101 501	0.064 672	0.000 004	4.123 212
广东	1.301 410	0.126 826	0.058 609	0.000 009	1.486 853
广西	5.516 801	0.085 528	0.101 635	0.000 005	5.703 969
海南	13.746 567	0.136 781	0.028 344	0.000 004	13.911 696
重庆	2.216 662	0.124 817	0.114 091	0.000 038	2.455 608
四川	2.596 410	0.097 138	0.067 328	0.000 005	2.760 881
贵州	2.956 620	0.155 756	0.141 951	0.000 014	3.254 341
云南	5.832 505	0.118 343	0.053 278	0.000 020	6.004 146
西藏	10.801 053	0.196 053	0.027 876	0.000 003	11.024 985
陕西	2.816 164	0.019 605	0.093 463	0.000 006	2.929 239
甘肃	2.341 946	0.300 393	0.100 156	0.000 011	2.742 506
青海	4.997 927	0.170 077	0.122 397	0.000 030	5.290 431
宁夏	5.603 022	0.473 247	0.232 203	0.000 016	6.308 488
新疆	6.680 178	0.320 463	0.120 898	0.000 016	7.121 555

表 B-11　2011 年各地区人均生态足迹统计表

地区	生产生态足迹	消费生态足迹	污染生态足迹	水资源生态足迹	总人均生态足迹
北京	1.053 296	0.144 445	0.029 589	0.003 138	1.230 467
天津	1.849 549	0.214 113	0.076 932	0.003 002	2.143 596
河北	4.318 661	0.279 655	0.086 238	0.004 768	4.689 322
山西	1.808 989	0.465 985	3.383 525	0.003 637	2.444 603
内蒙古	15.095 057	0.693 387	0.240 542	0.013 110	16.042 095
辽宁	0.119 380	0.361 161	4.286 755	0.004 730	4.772 027
吉林	0.079 159	4.933 909	0.527 931	0.232 324	5.773 323
黑龙江	0.080 520	6.719 919	0.455 582	0.213 586	7.469 608
上海	0.458 454	0.263 735	0.063 603	0.000 048	0.785 840
江苏	1.891 967	0.222 752	0.077 443	0.000 053	2.192 214
浙江	1.070 684	0.191 349	0.066 623	0.000 036	1.328 692
安徽	2.865 492	0.130 239	0.050 861	0.000 071	3.046 664
福建	2.519 767	0.158 714	0.064 362	0.000 047	2.742 889
江西	4.030 660	0.096 183	0.069 920	0.000 093	4.196 856
山东	3.716 434	0.266 554	0.088 513	0.000 076	4.071 577
河南	5.039 109	0.162 790	0.069 968	0.000 058	5.271 925
湖北	4.480 221	0.161 801	0.063 582	0.000 052	4.705 656
湖南	4.172 658	0.112 931	0.057 279	0.000 049	4.342 916
广东	1.377 883	0.137 013	0.050 956	0.000 027	1.565 878
广西	5.909 375	0.103 285	0.064 150	0.000 059	6.076 869
海南	13.790 662	0.159 246	0.029 662	0.000 022	13.979 592
重庆	2.472 609	0.139 948	0.094 169	0.000 044	2.706 771
四川	2.959 601	0.097 825	0.055 989	0.000 059	3.113 474
贵州	3.578 966	0.171 941	0.137 587	0.000 081	3.888 575
云南	6.037 461	0.121 503	0.071 524	0.000 136	6.230 625
西藏	11.295 255	0.229 398	0.025 839	0.000 038	11.550 530
陕西	3.282 597	0.022 625	0.108 709	0.000 072	3.414 003

续表

地区	生产生态足迹	消费生态足迹	污染生态足迹	水资源生态足迹	总人均生态足迹
甘肃	2.676 699	0.331 701	0.112 001	0.000 095	3.120 496
青海	5.208 529	0.197 896	0.131 110	0.000 763	5.538 298
宁夏	6.441 677	0.622 816	0.294 063	0.000 194	7.358 751
新疆	7.166 853	0.366 155	0.152 598	0.000 090	7.685 696

表 B-12 2012年各地区人均生态足迹统计表

地区	生产生态足迹	消费生态足迹	污染生态足迹	水资源生态足迹	总人均生态足迹
北京	0.949 078	0.144 071	0.027 729	0.003 055	1.123 933
天津	1.620 694	0.209 445	0.073 390	0.002 884	1.906 412
河北	3.821 600	0.282 890	0.016 472	0.004 722	4.125 684
山西	1.520 640	0.484 588	3.265 048	0.003 581	2.029 244
内蒙古	14.071 638	0.721 435	0.022 998	0.013 043	14.829 114
辽宁	0.023 581	0.374 330	3.753 140	0.003 410	4.154 461
吉林	0.028 802	3.794 197	0.444 961	0.229 858	4.497 819
黑龙江	0.037 356	5.347 672	0.432 033	0.223 786	6.040 847
上海	0.389 305	0.257 461	0.060 309	0.000 044	0.707 119
江苏	1.450 392	0.228 360	0.028 569	0.000 052	1.707 372
浙江	0.911 725	0.186 902	0.023 037	0.000 036	1.121 700
安徽	2.398 744	0.134 522	0.017 526	0.000 075	2.550 866
福建	2.444 635	0.157 450	0.026 948	0.000 078	2.629 112
江西	3.245 705	0.096 694	0.019 414	0.000 091	3.361 904
山东	3.280 565	0.279 673	0.015 431	0.000 072	3.575 741
河南	4.220 808	0.152 414	0.015 359	0.000 061	4.388 642
湖北	3.596 130	0.162 068	0.023 287	0.000 052	3.781 536
湖南	3.775 503	0.110 574	0.016 224	0.000 047	3.902 348
广东	1.209 447	0.134 771	0.020 668	0.000 027	1.364 914
广西	5.658 853	0.112 589	0.021 790	0.000 063	5.793 295
海南	13.369 866	0.165 168	0.015 394	0.000 020	13.550 447

续表

地区	生产生态足迹	消费生态足迹	污染生态足迹	水资源生态足迹	总人均生态足迹
重庆	3.586 907	0.136 864	0.090 062	0.000 042	3.813 875
四川	2.464 106	0.101 998	0.013 121	0.000 062	2.579 287
贵州	3.462 589	0.187 321	0.019 385	0.000 083	3.669 378
云南	5.684 441	0.126 002	0.020 617	0.000 126	5.831 185
西藏	10.540 023	0.261 711	0.021 340	0.000 046	10.823 121
陕西	3.102 028	0.025 506	0.019 909	0.000 073	3.147 517
甘肃	2.388 391	0.379 906	0.024 505	0.000 096	2.792 899
青海	5.232 633	0.231 036	0.076 454	0.000 773	5.540 896
宁夏	6.076 916	0.660 396	0.097 875	0.000 170	6.835 358
新疆	6.692 239	0.418 435	0.035 865	0.000 132	7.146 671

表 B-13 2013 年各地区人均生态足迹统计表

地区	生产生态足迹	消费生态足迹	污染生态足迹	水资源生态足迹	总人均生态足迹
北京	0.941 590	0.103 827	0.026 056	0.003 030	1.074 504
天津	1.606 196	0.147 937	0.068 422	0.002 844	1.825 399
河北	3.794 197	0.281 753	0.078 570	0.004 596	4.159 116
山西	1.610 140	0.496 109	3.430 151	0.003 580	2.258 549
内蒙古	13.360 495	0.700 633	0.231 057	0.012 922	14.305 107
辽宁	0.109 827	0.358 566	3.727 143	0.004 795	4.200 331
吉林	0.074 806	3.829 680	0.436 804	0.219 879	4.561 168
黑龙江	0.078 089	5.254 992	0.367 844	0.209 530	5.910 455
上海	0.360 948	0.264 847	0.058 042	0.000 041	0.683 878
江苏	1.430 893	0.233 081	0.071 708	0.000 054	1.735 737
浙江	0.830 668	0.187 147	0.061 028	0.000 035	1.078 879
安徽	2.380 208	0.144 087	0.048 875	0.000 074	2.573 244
福建	2.429 246	0.152 223	0.058 222	0.000 086	2.639 777
江西	3.147 916	0.103 097	0.067 404	0.000 094	3.318 511
山东	3.255 128	0.269 439	0.080 474	0.000 071	3.605 112

续表

地区	生产生态足迹	消费生态足迹	污染生态足迹	水资源生态足迹	总人均生态足迹
河南	4.210 602	0.150 410	0.065 363	0.000 065	4.426 441
湖北	3.614 231	0.138 942	0.058 315	0.000 055	3.811 543
湖南	3.690 446	0.105 739	0.054 449	0.000 045	3.850 679
广东	1.225 902	0.132 833	0.047 583	0.000 027	1.406 345
广西	5.867 523	0.110 472	0.059 186	0.000 061	6.037 242
海南	13.347 548	0.151 852	0.028 786	0.000 022	13.528 208
重庆	3.508 543	0.118 341	0.087 448	0.000 042	3.714 374
四川	2.465 702	0.103 642	0.051 869	0.000 065	2.621 279
贵州	3.474 766	0.192 542	0.124 164	0.000 086	3.791 558
云南	5.641 687	0.123 743	0.068 569	0.000 125	5.834 124
西藏	10.115 324	0.295 245	0.024 845	0.000 044	10.435 459
陕西	3.467 445	0.028 537	0.097 496	0.000 075	3.593 553
甘肃	2.442 308	0.402 770	0.101 567	0.000 086	2.946 730
青海	5.273 852	0.218 694	0.133 660	0.000 772	5.626 978
宁夏	6.336 856	0.694 070	0.273 789	0.000 185	7.304 900
新疆	6.723 501	0.465 045	0.167 166	0.000 152	7.355 864

表 B－14 2014 年各地区人均生态足迹统计表

地区	生产生态足迹	消费生态足迹	污染生态足迹	水资源生态足迹	总人均生态足迹
北京	0.837 023	0.130 949	0.024 431	0.003 069	0.995 472
天津	1.526 904	0.184 360	0.064 904	0.002 798	1.778 966
河北	3.812 593	0.266 706	0.072 952	0.004 600	4.156 852
山西	1.668 940	0.506 138	3.411 235	0.003 447	2.321 909
内蒙古	13.177 776	0.719 790	0.223 395	0.012 800	14.133 762
辽宁	0.107 985	0.359 252	3.645 065	0.004 767	4.117 069
吉林	0.074 293	3.818 233	0.442 202	0.218 093	4.552 820
黑龙江	0.076 683	5.320 902	0.368 325	0.212 935	5.978 845
上海	0.346 869	0.240 715	0.051 815	0.000 037	0.639 437

续表

地区	生产生态足迹	消费生态足迹	污染生态足迹	水资源生态足迹	总人均生态足迹
江苏	1.407 336	0.231 462	0.070 160	0.000 055	1.709 014
浙江	0.783 712	0.185 751	0.059 311	0.000 038	1.028 812
安徽	2.380 190	0.147 631	0.047 524	0.000 073	2.575 418
福建	2.480 546	0.171 988	0.057 383	0.000 051	2.709 968
江西	3.069 429	0.104 957	0.064 899	0.000 088	3.239 373
山东	3.166 555	0.286 751	0.078 102	0.000 074	3.531 482
河南	4.193 920	0.151 090	0.062 420	0.000 003	4.407 433
湖北	3.739 896	0.140 235	0.057 198	0.000 054	3.937 382
湖南	3.714 914	0.102 367	0.053 126	0.000 040	3.870 448
广东	1.206 179	0.133 560	0.046 551	0.000 026	1.386 316
广西	5.944 210	0.109 423	0.058 182	0.000 063	6.111 879
海南	12.594 536	0.165 570	0.029 471	0.000 026	12.789 604
重庆	2.164 726	0.125 909	0.083 955	0.000 042	2.374 632
四川	2.461 554	0.106 716	0.050 951	0.000 066	2.619 288
贵州	4.721 990	0.185 903	0.118 196	0.000 078	5.026 167
云南	5.683 655	0.111 569	0.065 871	0.000 113	5.861 207
西藏	9.357 677	0.322 734	0.024 730	0.000 047	9.705 188
陕西	3.169 763	0.031 244	0.095 781	0.000 087	3.296 875
甘肃	2.481 051	0.423 552	0.103 496	0.000 088	3.008 187
青海	5.232 798	0.230 762	0.134 140	0.000 768	5.598 469
宁夏	6.876 882	0.701 759	0.261 958	0.000 206	7.840 806
新疆	6.935 817	0.504 649	0.172 319	0.000 127	7.612 912

表 B-15 2015 年各地区人均生态足迹统计表

地区	生产生态足迹	消费生态足迹	污染生态足迹	水资源生态足迹	总人均生态足迹
北京	0.837 572	0.139 219	0.022 801	0.003 100	1.002 693
天津	1.506 702	0.193 909	0.057 660	0.002 927	1.761 197
河北	4.219 464	0.260 385	0.067 903	0.004 442	4.552 194

续表

地区	生产生态足迹	消费生态足迹	污染生态足迹	水资源生态足迹	总人均生态足迹
山西	1.624 261	0.507 522	3.336 986	0.003 539	2.268 202
内蒙古	13.178 402	0.725 008	0.209 254	0.013 036	14.125 700
辽宁	0.105 590	0.359 835	3.623 222	0.004 656	4.093 302
吉林	0.073 003	3.832 817	0.425 856	0.217 446	4.549 121
黑龙江	0.074 840	5.397 108	0.353 369	0.215 213	6.040 529
上海	0.335 977	0.234 197	0.049 078	0.000 037	0.619 289
江苏	1.393 743	0.230 556	0.066 338	0.000 055	1.690 692
浙江	0.722 352	0.184 177	0.056 477	0.000 038	0.963 045
安徽	2.363 287	0.147 730	0.046 779	0.000 079	2.557 874
福建	2.454 824	0.177 061	0.054 598	0.000 052	2.686 534
江西	3.088 385	0.105 231	0.063 914	0.000 087	3.257 617
山东	3.167 676	0.292 416	0.075 476	0.000 077	3.535 645
河南	4.141 534	0.150 533	0.060 175	0.000 059	4.352 301
湖北	3.376 804	0.139 816	0.055 193	0.000 053	3.571 865
湖南	3.508 091	0.100 738	0.051 060	0.000 041	3.659 930
广东	1.349 330	0.132 317	0.044 102	0.000 026	1.525 775
广西	5.930 410	0.108 287	0.053 456	0.000 055	6.092 207
海南	12.051 644	0.169 212	0.029 183	0.000 023	12.250 062
重庆	2.077 315	0.127 436	0.079 055	0.000 039	2.283 845
四川	2.439 929	0.106 858	0.047 373	0.000 057	2.594 217
贵州	5.030 594	0.182 708	0.108 946	0.000 074	5.322 323
云南	5.737 683	0.106 622	0.061 302	0.000 109	5.905 716
西藏	9.059 263	0.327 784	0.026 188	0.000 048	9.413 283
陕西	3.282 971	0.032 076	0.090 990	0.000 093	3.406 130
甘肃	2.431 981	0.429 255	0.102 239	0.000 084	2.963 558
青海	5.109 438	0.233 732	0.129 081	0.000 911	5.473 162
宁夏	6.797 668	0.700 632	0.246 526	0.000 191	7.745 016
新疆	6.677 842	0.506 289	0.155 914	0.000 116	7.340 161